Excel 在会计中的应用

黄晓兵 著

东南大学出版社
SOUTHEAST UNIVERSITY PRESS
·南京·

内 容 提 要

本书通过总结多年的教学、科研成果以及在大量丰富的实践经验基础上,结合最新的会计准则和会计制度,将 Excel 的强大功能与现代财务管理理论进行了有机融合,以会计工作中常见的工作为例,详细地介绍了利用 Excel 解决会计工作中一些实际问题的方法。从 Excel 知识概述、Excel 基本操作开始,详细介绍了公式与函数、Excel 高级应用、利用 Excel 编制记账凭证、利用 Excel 编制会计账簿、利用 Excel 编制会计报表、利用 Excel 进行财务报表分析、利用 Excel 进行工资核算、利用 Excel 管理固定资产、Excel 在财务管理中的应用。本书可用作高等院校会计学专业、财务管理专业等相关专业的教材,还可用作 Excel 在会计中应用的培训教材,对于广大 Excel 使用者也可以作为一本很实用的参考书。

图书在版编目(CIP)数据

Excel 在会计中的应用 / 黄晓兵著. — 南京 : 东南大学出版社,2023.11
 ISBN 978-7-5766-0935-6

Ⅰ.①E… Ⅱ.①黄… Ⅲ.①表处理软件-应用-会计 Ⅳ.①F232

中国国家版本馆 CIP 数据核字(2023)第 209643 号

责任编辑:胡中正　　责任校对:子雪莲　　封面设计:毕　真　　责任印制:周荣虎

Excel 在会计中的应用

著　　者	黄晓兵
出版发行	东南大学出版社
社　　址	南京市四牌楼 2 号　邮编:210096
出 版 人	白云飞
网　　址	http://www.seupress.com
电子邮件	press@seupress.com
经　　销	全国各地新华书店
印　　刷	广东虎彩云印刷有限公司
开　　本	787mm×1092mm　1/16
印　　张	13
字　　数	320 千字
版　　次	2023 年 11 月第 1 版
印　　次	2023 年 11 月第 1 次印刷
书　　号	ISBN 978-7-5766-0935-6
定　　价	40.00 元

本社图书若有印装质量问题,请直接与营销部调换。电话(传真):025 - 83791830

前　言

　　Excel是非常实用的个人计算机数据处理软件,《Excel在会计中的应用》这本书专门为会计人员讲述了在会计日常烦琐的业务当中如何高效工作,详细介绍了利用Excel解决会计工作中一些实际问题的方法。通过使用Excel,可以改进会计信息处理,不仅可以使计算过程缩短,而且结果准确。

　　本书共11章,由Excel入门基础知识到Excel在会计业务中的具体应用,具体每章讲述内容如下:

　　第1章和第2章主要介绍了Excel知识概述、Excel基本操作,让读者尽快掌握本门课程所需要的基本知识;第3章讲述了公式与函数,要想成为一个真正有竞争力的Excel用户,我们必须对基础知识有充分的了解,或者说对基础的公式与函数的概念及应用有所了解;第4章讲述了Excel高级应用,主要有数据记录单,数据排序与筛选,分类汇总与分列,数据透视表与数据透视图,以及图形、艺术字及图表功能;第5章讲述了利用Excel编制记账凭证,围绕编制会计记账凭证展开;第6章讲述了利用Excel编制会计账簿,如何编制日记账、总账、明细账,还有利用分类汇总功能计算发生额与余额和会计账簿的保护与撤销;第7章讲述了利用Excel编制会计报表,包括编制资产负债表、利润表和现金流量表;第8章讲述了利用Excel进行财务报表分析,比较分析、比率分析、趋势分析和综合分析;第9章讲述了利用Excel进行工资核算,从编制工资表到工资汇总,再到生成工资条,以及后期工资数据的查询;第10章讲述了利用Excel管理固定资产,包括固定资产卡片的建立、固定资产增减变动处理、固定资产折旧的计提和固定资产信息查询;第11章讲述了Excel在财务管理中的应用,即货币时间价值的计算、本量利分析、投资决策分析。

　　本书汇集了编者多年心血，在写作过程中，也参考了众多优秀同行的研究成果，在此表示真心的感谢。由于时间和精力的限制，本书的内容可能会存在一些疏漏，恳请广大读者批评指正。

编者

2023 年 9 月

目 录

第 1 章 Excel 知识概述 ……………………… 001

　1.1　Excel 的工作界面 ………………… 001
　1.2　自定义工作环境 …………………… 005
　1.3　本章小结 …………………………… 007

第 2 章 Excel 基本操作 ……………………… 008

　2.1　Excel 工作簿、工作表及单元格概述 … 008
　2.2　工作簿基本操作 …………………… 009
　2.3　工作表基本操作 …………………… 017
　2.4　单元格基本操作 …………………… 029
　2.5　本章小结 …………………………… 040

第 3 章 公式与函数 ………………………… 041

　3.1　公式的创建与引用 ………………… 041
　3.2　数组公式与三维引用 ……………… 043
　3.3　工作表函数 ………………………… 045
　3.4　本章小结 …………………………… 063

第 4 章 Excel 高级应用 ……………………… 064

　4.1　数据记录单 ………………………… 064
　4.2　数据排序与筛选 …………………… 065
　4.3　分类汇总与分列 …………………… 074

  4.4 数据透视表与数据透视图 ················ 081
  4.5 图形、艺术字及图表功能 ················ 085
  4.6 本章小结 ································ 088

第 5 章 利用 Excel 编制记账凭证 ················ 089

  5.1 记账凭证概述 ························· 089
  5.2 编制会计科目表 ······················· 090
  5.3 编制记账凭证 ························· 094
  5.4 凭证查询 ······························ 098
  5.5 本章小结 ······························ 101

第 6 章 利用 Excel 编制会计账簿 ················ 103

  6.1 会计账簿概述 ························· 103
  6.2 编制日记账 ···························· 104
  6.3 编制总账 ······························ 109
  6.4 编制明细账 ···························· 113
  6.5 利用分类汇总功能计算发生额与余额
    ······································ 113
  6.6 会计账簿的保护与撤销 ················ 115
  6.7 本章小结 ······························ 117

第 7 章 利用 Excel 编制会计报表 ················ 118

  7.1 会计报表概述 ························· 118
  7.2 利用 Excel 编制资产负债表 ··········· 119
  7.3 利用 Excel 编制利润表 ················ 122
  7.4 利用 Excel 编制现金流量表 ··········· 124
  7.5 本章小结 ······························ 129

第 8 章 利用 Excel 进行财务报表分析 ············ 130

  8.1 财务报表分析方法 ···················· 130
  8.2 利用 Excel 进行比较分析 ············· 134

目 录

8.3 利用 Excel 进行比率分析 ………… 137
8.4 利用 Excel 进行趋势分析 ………… 139
8.5 利用 Excel 进行综合分析 ………… 142
8.6 本章小结 …………………………… 143

第 9 章 利用 Excel 进行工资核算 ………… 145

9.1 编制工资表 ………………………… 145
9.2 工资汇总 …………………………… 154
9.3 生成工资条 ………………………… 158
9.4 工资数据的查询 …………………… 160
9.5 本章小结 …………………………… 166

第 10 章 利用 Excel 管理固定资产 ………… 167

10.1 固定资产管理概述 ………………… 167
10.2 固定资产卡片的建立 ……………… 168
10.3 固定资产增减变动处理 …………… 174
10.4 固定资产折旧的计提 ……………… 176
10.5 固定资产信息查询 ………………… 180
10.6 本章小结 …………………………… 182

第 11 章 Excel 在财务管理中的应用 ………… 183

11.1 货币时间价值的计算 ……………… 183
11.2 本量利分析 ………………………… 189
11.3 投资决策分析 ……………………… 195
11.4 本章小结 …………………………… 199

参考文献 ………………………………………… 200

第 1 章
Excel 知识概述

Microsoft Excel 是 Office 的主要应用程序之一,是微软公司推出的一个功能强大的电子表格应用软件,具有强大的数据计算与分析处理功能,可以把数据用表格及各种图表的形式表现出来,使制作出来的表格图文并茂,信息表达更清晰。Excel 不但可以用于个人、办公等有关的日常事务处理,而且被广泛应用于金融、经济、财会、审计和统计等领域。本书示范讲解其在会计与财务工作中的应用,实际学习工作中请读者根据自己使用版本情况参照学习。

本章要点:
- 了解 Excel 工作界面的标题栏和菜单栏
- 掌握 Excel 工作界面的工具栏和编辑栏
- 掌握 Excel 工作界面的工作区域构成、工作表标签更改及状态栏
- 了解如何自定义工作环境

1.1 Excel 的工作界面

下面是 Excel 的工作界面,如图 1-1 所示。

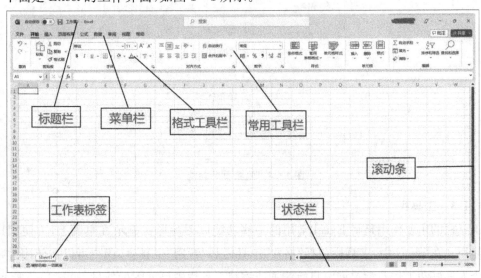

图 1-1 Excel 的工作界面

📖 Excel 各个版本工作界面结构基本一致,主要功能菜单包含标题栏、菜单栏、格式工具栏、常用工具栏、工作表标签、状态栏、滚动条等。

1.1.1 标题栏

标题栏主要显示当前使用的软件名称以及文件名。在 Excel 的标题栏中一般会显示"工作簿 1-Excel",或者"Book1-Excel"或者"Microsoft Excel-新建 Microsoft Excel 工作表.xls"(版本不同名称不同),如图 1-2 所示。

图 1-2 标题栏

1.1.2 菜单栏

菜单栏把 Excel 所有操作功能进行分类,并以下拉菜单形式进行显示,如图 1-3 所示。使用时只要将鼠标移动到相应的菜单上,单击鼠标左键,就会出现该菜单下属的各个命令。

图 1-3 菜单栏

但是需要注意:有些下拉菜单中右方会出现小箭头,表示还有其他子菜单可供使用;有些下拉菜单中会出现∨图标,表示有功能被隐藏,用户可以利用鼠标左键单击使其展开显示全部功能,如图 1-4 所示。

图 1-4 隐藏菜单功能

1.1.3 工具栏

工具栏的主要作用是将 Excel 常用的一些功能以图标形式显示在桌面上,方便用户寻找和使用。在 Excel 中,工具栏包括"格式"工具栏和"常用"工具栏,用户可以在使用过程中根据个人喜好和工作及学习需要自行添加或缩减工具栏中可见图标数量,如图 1-5 所示。

图 1-5 工具栏

1.1.4 编辑栏:名称框与编辑框

编辑栏一般位于工具栏下,包括两部分:名称框和编辑框。名称框中会显示所选择的单元格位置,假如选择了 B 列 5 行则在名称框中显示"B5",如图 1-6 所示。

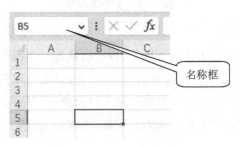

图 1-6 名称框

编辑框通常也称为"公式栏",用来编辑文字、数据或是公式,这些数据会同步显示在活动单元格里边。当我们在单元格里边输入相同数据时,编辑框内也显示同样内容,如图 1-7 所示。

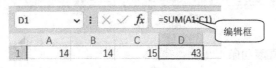

图 1-7 编辑框

1.1.5 工作表区域

工作表区域是使用 Excel 最核心最常见的界面,工作表编辑区就是 Excel 窗口中由暗灰线组成的表格区域,由行和列构成的单元格组成,用于存放用户数据,制作表格和编辑数据的工作都在这里进行,是基本工作区,如图 1-8 所示。

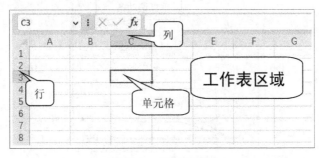

图 1-8 工作表区域

1.1.6 工作表标签

Excel是一个工作簿,每一个工作簿可以包含若干工作表,每个工作表都有一个名称,这个名称就是工作表标签,一般新建一个工作簿中系统默认有三个工作表,其标签为"Sheet1、Sheet2、Sheet3",用户可以通过重命名来修改工作表标签。操作方法为:用鼠标左键双击标签或者点击右键选择"重命名"功能,输入需要修改后的名称。如把"Sheet1"修改为"工资费用分配表",修改结果如图1-9所示。

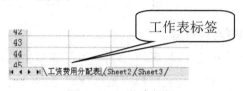

图1-9 工作表标签

1.1.7 状态栏

状态栏主要用来显示目前正在执行操作的状况,执行某项操作时,状态栏会显示与该操作相关的文字说明。比如,没有任何操作时会显示"就绪"的文字信息;当选定一个空单元格输入数据时,会显示"输入"文字信息;在拖动单元格数据进行填充时,会出现"向外拖动选定区域,可以扩展或填充序列;向内拖动则进行清除"等字样,如图1-10所示。

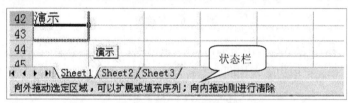

图1-10 状态栏

1.1.8 水平、垂直滚动条

运行Excel工作界面,在工作表区域的下方和右方都有一个长条状、可拖动的按钮,一般下方为水平拖动滚动条,右方为垂直拖动滚动条。水平滚动条功能是在工作表左右数据过多,无法在一个屏幕显示时,可拖动该滚动条查看相应数据;垂直滚动条功能是在工作表上下数据过多无法在一个屏幕显示时,可拖动该滚动条查看相应数据,如图1-11所示。

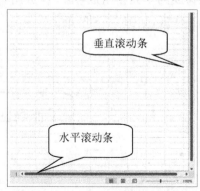

图1-11 水平、垂直滚动条

1.2 自定义工作环境

自定义工作环境就是用户自行设定 Excel 应用环境,使其符合用户自身的使用喜好,一般来讲,不同用户可以对 Excel 工作簿的屏幕显示形式、工具栏项目等进行自定义,以便在应用中方便快捷。

1.2.1 设置屏幕显示

设置屏幕显示就是指对打开 Excel 的显示形式和内容进行设置,使其符合用户的基本需要。

【例 1-1】 用户要求打开的 Excel 不显示编辑栏,并且工作区域的网格线为红色。

操作步骤

[1] 点击菜单栏【视图】下子菜单【显示】,出现如图 1-12 所示界面。

将编辑栏前的对钩去掉即可实现

图 1-12 隐藏编辑栏

[2] 首先打开菜单栏中的【文件】,选择【选项】,在 Excel 选项窗口左侧选择【高级】项,最后在右侧"此工作表的显示选项"栏中,设置网格线颜色为红色,如图 1-13 所示。

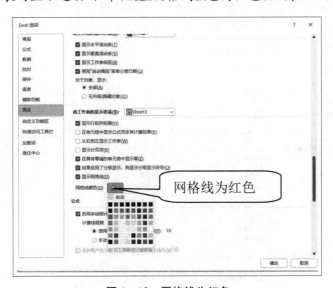

图 1-13 网格线为红色

其他设置:如滚动条、行号列标等选项设置,可以通过上述操作,对相应选项的复选框进行打钩或者去掉对钩进行操作,这里不一一举例,读者可通过仔细练习寻找答案。

1.2.2 自定义工具栏

运行 Excel 时,主要通过主界面上方的【文件】选项进行设置。

1. 利用【文件】菜单下的【选项】进行设置。左键点击【文件】,点击【选项】,在子菜单【快速访问工具栏】中进行选择,如图 1-14 所示。

图 1-14 利用【文件】自定义工具栏显示

2. 利用【选项】菜单下的【快速访问工具栏】选项。进入"工具栏"选项卡,在左侧常用命令中选中需要添加的命令,并通过中间按钮"添加(A)"即可完成自定义工具栏,如图 1-15 所示。

图 1-15 利用【快速访问工具栏】菜单自定义工具栏显示

1.2.3 个性化菜单

在 Microsoft Excel 中使用了个性化菜单功能,程序会自动记录经常使用的菜单命令并对菜单中的选项进行调整以便于日常使用。

如图 1-4 所示,可以看到【编辑】菜单没有显示全部菜单项,仅仅显示了常用的一些菜单项。如果要使用的菜单项没有在菜单中显示,可以单击下面的双箭头展开全部菜单项,展开后执行了相应的菜单项功能后,Excel 会自动把该菜单项功能加入常用菜单中。

如果需要菜单不隐藏菜单项,可以进行自定义菜单,具体操作过程如下:

[1] 选择【文件】菜单下的【选项】,打开自定义对话框,单击【自定义功能区】选项卡。

[2] 根据自己的需要勾选或去掉相应选项卡即可,如图 1-16 所示。

图 1-16 自定义功能区栏

1.3 本章小结

本章主要讲述了 Microsoft Excel 的基础知识,包括工作界面、自定义工作环境等,这些知识是进行 Microsoft Excel 基本操作和高级应用的基础,希望读者能够熟练掌握。

工作界面主要包括标题栏、菜单栏、工具栏、编辑栏、工作表区域、状态栏和滚动条,用户通过对工作界面结构的学习,掌握菜单的功能、工具栏和编辑栏的使用,同时熟悉工作表区域,了解状态栏的作用。

自定义工作环境可以设置屏幕显示、自定义工具栏和个性化菜单,按照用户自己的需求设置基本显示形式和内容。

第 2 章
Excel 基本操作

Excel 作为强大的表格处理和数据分析工具,在实际工作中起到巨大作用,本章主要介绍 Excel 工作簿及工作表的操作、公式和函数的应用等知识。通过本章学习,读者能够初步掌握 Excel 的基本操作技能,为后续高级应用及在会计与财务中的应用学习打下基础。

本章要点:
- Excel 工作簿基本操作
- 工作表基本操作
- 单元格基本操作

2.1 Excel 工作簿、工作表及单元格概述

在 Excel 应用过程中,掌握工作簿和工作表的概念是其他一切工作的基础。工作簿就是 Excel 文件,工作簿是存储数据、进行数据运算以及数据格式化等操作的文件,用户在 Excel 中处理的各种数据最终都以工作簿文件的形式存储在磁盘上。工作簿命名方式一般采用"文件名.xls"的格式,"文件名"就是工作簿名,".xls"为扩展名,如图 2-1 所示。

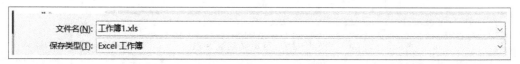

图 2-1 Excel 工作簿

工作簿是由工作表组成的,每个工作簿都可以包含多个工作表。每个工作表都是存入某类数据的表格或者数据图形。工作表是不能单独存盘的,只有工作簿才能以文件的形式存盘。一般新建一个工作簿或者打开一个空工作簿包含三个默认的工作表,工作表名称默认为"Sheet1,Sheet2,Sheet3",修改工作表标签操作在前章已经阐述。

每个 Excel 工作表由若干行和列构成,行和列交叉构成单元格,单元格是进行表格处理及数据收集、加工及分析的最小单元。一般单元格命名方式为"列标加行数",如第一行第二列(B 列)单元格命名为"B1"单元格。Excel 工作表及单元格如图 2-2 所示。

第 2 章　Excel 基本操作

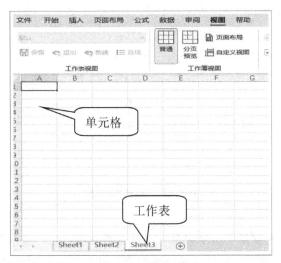

图 2-2　工作表及单元格

2.2　工作簿基本操作

2.2.1　创建工作簿

中文 Excel 提供了多种方法新建工作簿，下面分别进行介绍。

1. 新建空白工作簿　这种方式是默认最常用的一种创建方式，有如下几种方法：

（1）启动 Excel 时，系统自动建立一个默认的空白工作簿。

（2）如果启动 Excel 后在其工作界面下新建，则有以下几种形式：

- 选择菜单栏中【文件】菜单下的【新建】菜单项。
- 点击常用工具栏中【新建】按钮 新建 。
- 按快捷键【Ctrl＋N】。
- 打开"任务窗格"，单击【新建】选项区域【新建空白工作簿】超链接。

2. 根据模板创建工作簿　Excel 提供了许多设置好的工作模板，用户可以根据自身需要选择模板，自动生成需要的工作簿及工作表格式。使用模板功能可以快速创建所需要的表格，即使不完全符合要求，做简单修改也可使用，从而提高工作效率。

操作步骤

［1］选择【文件】菜单下的【新建】命令，或者点击【视图】菜单下的【新建窗口】选项，如图 2-3 所示。

图 2-3　新建窗口

[2] 点击【文件】选项区中的"开始"选项,可在搜索中寻找适合的模板或点击"更多模板",如图2-4所示。

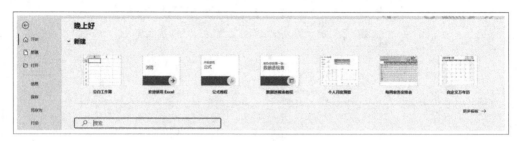

图2-4 "模板"对话框

📖 注意:模板对话框中有两个选项常用和电子方案表格,选择"常用"即建立一个新的空白文档;选择"电子方案"表格,则系统会给出所有可用的模板进行选择。

[3] 选择一个模板后,右侧预览区域会出现该模板的预览模型,点击"确定"会根据该模板的样式生成一个新的工作簿。

2.2.2 打开工作簿

日常工作中需要编辑或者查看某个工作簿时,第一步就是要打开工作簿。打开工作簿有两种基本形式:打开单个文件和打开多个文件。也可以用其他给定的功能打开工作簿,如打开最近使用过的文件及用搜索方式打开工作簿。

1. 打开单个文件　打开单个文件主要有两种方法。

(1) 在硬盘中找到需要打开的 Excel 文件,双击打开。

(2) 启动 Excel 工作簿,点击【文件夹】菜单下的【打开】命令,找到需要打开的文件,单击打开按钮。结果如图2-5所示。

图2-5 打开单个文件

2. 打开多个文件　当一次需要打开多个 Excel 文件时,仍按照上述操作出现打开对话框时,按住【Ctrl】键同时用鼠标依次选择所要打开的文件,点击【打开】按钮即可,如图2-6所示。

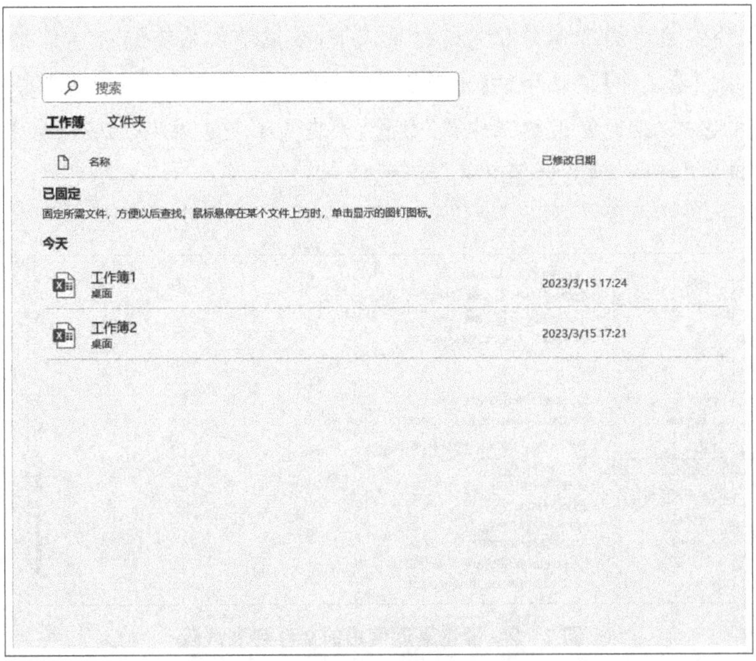

图 2-6　打开多个文件

当一次打开多个文件或者分次打开多个文件时,操作系统会把每一个文件都显示在任务栏中,如图 2-7 所示。

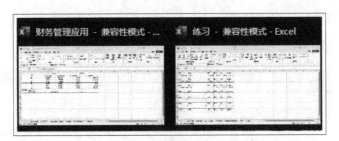

图 2-7　任务栏中显示每一个文件

3. 打开最近使用过的文件　默认状态下,在 Excel 的【文件】菜单下最多可列出最近使用过的四个文件,选择想要打开的文件,即可打开该工作簿,如图 2-8 所示。

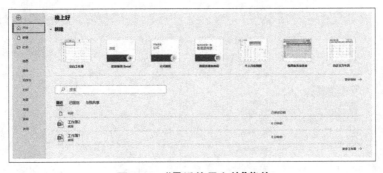

图 2-8　"最近使用文件"菜单

> 注意:如果经常使用的工作簿数量超过了四个,希望增加系统默认显示的最近打开的文件的个数,点击【文件】菜单下的【选项】功能,打开选项对话框。选择"高级"选项卡,在显示区域中选择"最近使用的工作簿"数量,根据需要更改文件列表的数量(系统默认为4),点击"确定"完成设置,如图2-9所示。

图 2-9 设置最近使用的文件列表数量

4. 以搜索方式打开工作簿　如果需要打开长时间没有使用的文件,在无法确定其存储位置时,我们可以使用 Excel 提供的搜索功能进行查找,找到后再将它打开。

操作步骤

[1] 选择【文件】菜单下的【打开】功能,在工作区右侧显示出基本搜索的"任务窗格",如图 2-10 所示。

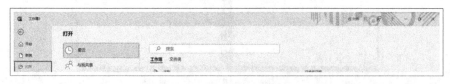

图 2-10 基本文件搜索

[2] 单击"其他位置"下的储存范围,选择搜索范围,并在搜索框内输入相关名称,如图 2-11 所示。

图 2-11 搜索范围、搜索文件类型

2.2.3 保存工作簿

对于工作中编辑的工作簿数据需要及时进行保存,防止由于死机、断电等原因造成文件丢失。

1. 保存工作簿　工作中可以采取以下操作进行文件的保存:

(1) 选择【文件】菜单下的【保存】功能;

(2) 单击常用工具栏中的"保存"按钮 ;

(3) 按快捷键【Ctrl+S】;

(4) 如果需要把文件另外保存一份,可执行【文件】菜单下的【另存为】功能,选取要保存的路径进行保存即可。

2. 设定保存选项　为了防止意外情况发生而重复地执行保存文件操作是一件让人心烦的事情,为此,Excel 提供了自动保存功能,来帮助用户完成这些工作。操作方法为:选择【文件】菜单下的【选项】功能,打开保存选项,如图 2-12 所示。

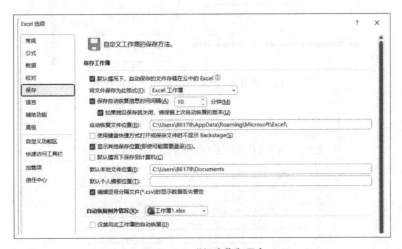

图 2-12 "保存"选项卡

在保存选项卡中有三个与保存有关的功能:

• 设置保存时间间隔:选中"保存自动恢复信息时间间隔"复选框,可以激活自动保存功能。同时在右边的时间"分钟"前修改数值,设定每隔多长时间自动保存,系统默认的时间为每隔 10 分钟。如果取消"保存自动恢复信息时间间隔"复选框前面的对钩,则表示禁用自动保存功能。

• 设置自动恢复文件保存位置:如果打开了自动保存文件的功能,可以在该项右侧位置文本框中输入自动保存文件的存储位置。

• 禁用自动恢复:如果选中该复选框,则表示系统禁止使用自动恢复功能,即在编辑 Excel 文件过程中系统出现故障,Excel 不能在下次打开该文件时自动恢复文件;如果取消该复选框的选择,表明打开了自动恢复文件功能,则在出现系统故障后,再次打开 Excel 时可以根据自动保存的文件数据进行恢复,减少意外造成的损失。

2.2.4 编辑工作簿显示窗口

Excel 的功能工作界面是个多文档窗口,可以同时打开多个工作簿,在对多个工作簿进行操作时会遇到如何在各个工作簿间切换以及如何安排它们的布局进行显示等问题,以下对这些内容进行讲解,以便于同时对多个工作簿进行操作。

1. 拆分与合并窗口　拆分窗口功能可以将窗口拆分成几个小窗口,在各个小窗口中分别查看不同的内容;合并窗口是将几个小窗口合并为一个大窗口,以便在一个窗口中观察更多的内容。

（1）拆分窗口。拆分窗口时可以采用拖曳拆分条、双击拆分条和指定拆分位置方法来拆分窗口。

- 拖曳拆分条:将鼠标指针悬停在拆分条上(水平滚动条右侧和垂直滚动条上侧),如图 2-13 所示,当鼠标变成上下箭头形状时,上下或者左右拖动即可拆分窗口,如图 2-14 所示。

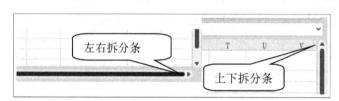

图 2-13　拆分条:左右拆分条和上下拆分条

图 2-14　拆分后的窗口

- 双击拆分条:用鼠标双击上下拆分条或者左右拆分条,工作窗口会自动被平均拆分,然后可以用鼠标拖动拆分条到理想的位置。

- 指定拆分位置:指定拆分位置是先指定一行或一列,然后再以该行或者该列为基准进行窗口拆分。下面以在第五行第 E 列处对原有窗口进行左右和上下同时拆分为例来说明具体操作步骤:选择第五行第 E 列,选择【窗口】菜单下的【拆分】选项,窗口拆分的结果如图 2-15 所示。

	A	B	C	D	E	F
1	职工工资简表					
2	姓名	出生年月	所属部门	级别	基本工资	员工类型
3	钟名	09/06/78	销售部	1	5000	销售人员
4	李文	09/08/71	销售部	2	3500	销售人员
5	吴龙	08/30/83	生产部	1	3000	生产人员
6	陈华	06/30/82	财务部	1	3000	管理人员
7	赵海	07/21/84	销售部	2	3500	销售人员
8	王克维	03/08/84	生产部	3	1000	生产人员
9	陈海宁	05/11/79	销售部	3	2000	销售人员
10	王新平	03/14/80	生产部	2	2000	生产人员
11	马雷	08/09/80	销售部	1	5000	销售人员
12	方名堂	09/09/83	办公室	1	3000	管理人员
13	合计					

图 2-15 指定拆分窗口

(2) 合并窗口。合并窗口和拆分窗口正好相反,当窗口被拆分后需要合并时,与上述操作对应有三种合并方式:
- 用鼠标拖曳拆分条回到最初的位置。
- 用鼠标双击拆分条,拆分条会自动回到最初的位置。
- 选择【窗口】菜单下的【取消拆分】选项即可恢复到未拆分状态。

2. 新建窗口 如果需要用多个窗口来观察同一个工作簿时可以选择新建窗口功能,操作方法为:选择【视图】菜单下的【新建窗口】选项,就可以建立一个新的窗口,需要注意的是新建后仍然只能看到一个窗口,需要改变当前窗口大小后才可以看到其他窗口,如图 2-16 所示。

图 2-16 新建窗口

3. 排列窗口 当有多个窗口存在时,如果各个窗口排列不合理就会不利于操作,下面的窗口被上面的窗口遮住部分数据。如果遇到这个问题,可以进行窗口重新排列来解决。

选择【视图】菜单下的【全部重排】选项,出现重排窗口对话框,如图 2-17 所示。

图 2-17 重排窗口

选中相应的重排方式点击"确定"按钮后,就会按照要求进行重排。Excel 给出了四种排列方式:平铺、水平并排、垂直并排、层叠。例如选中平铺,点击"确定"后窗口显示如图 2-18 所示:

图 2-18 平铺窗口

4. 切换窗口　如果需要改变当前活动的窗口,可以使用切换窗口功能,通常使用的切换方法有两种:

(1) 用鼠标选择:单击需要激活的窗口中的任意区域,即可使其成为活动窗口。

(2) 使用快捷键【Ctrl+Tab】,可以在所有显示的窗口中循环选择活动窗口。

5. 隐藏窗口　如果有窗口暂时不用,又不需要关闭这些窗口时,可以采用隐藏功能将它们隐藏起来以便对其他窗口进行操作。选择要隐藏的窗口,点击【视图】菜单下的【隐藏】选项即可将其隐藏。隐藏后屏幕上看不见这些窗口,但是它们依然存在,如果需要恢复这些窗口,选择【视图】菜单下的【取消隐藏】选项,如图 2-19 所示。

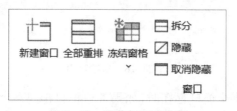

图 2-19 隐藏与取消隐藏

在"取消隐藏"对话框列表中列出了所有当前被隐藏的窗口,选中需要取消隐藏的窗口,点击"确定"就可以将窗口重新显示出来。

6. 冻结窗格　当工作窗口数据很多时,需要在浏览数据时保证有一些数据始终显示在指定位置上保持可见,这时可以使用"冻结窗格"功能。操作方法为:(1) 在工作窗口选择一个单元格;(2) 选择【视图】菜单下的【冻结窗格】选项,位于该单元格上方和左侧的数据将被冻结保持始终可见,可以通过拖动水平滚动条和垂直滚动条来查看,如图 2-20 所示。

第 2 章　Excel 基本操作

图 2-20　冻结窗格

2.2.5　关闭工作簿

完成工作簿的数据编辑和查看后,需要关闭工作簿,一般来说关闭工作簿的方法如下:

1. 选择【文件】菜单下的【关闭】选项,可关闭当前工作文件。
2. 选择【文件】菜单下的【退出】选项,关闭所有文件,退出 Excel 工作环境。
3. 单击菜单栏右侧的"关闭窗口"按钮×,关闭当前工作文件。
4. 单击标题栏右侧的"关闭"按钮×,关闭所有文件,退出 Excel 工作环境。

如果关闭工作簿时工作簿的内容已经被修改尚未保存,Excel 会自动弹出一个对话框询问是否需要保存该文件的内容,如图 2-21 所示,单击"保存"按钮表示保存修改,单击"不保存"表示不保存修改内容,单击"取消"表示取消关闭工作簿的操作。

图 2-21　关闭工作簿询问是否保存对话框

2.3　工作表基本操作

2.3.1　插入工作表

在 Excel 工作区域默认有三个工作表,如果还需要添加新的工作表,主要有三种方法:

1. 可以选择【插入】菜单下的【工作表】选项进行插入。
2. 将鼠标移至指定工作表上点击右键,选择"插入"功能。
3. 使用快捷键【Shift+F11】插入新工作表。

如果在新建工作簿时希望默认的工作表不是三个,可以通过设置默认工作表数量来实现。操作步骤:选择【文件】菜单下的【选项】功能,选取"常规"选项卡,调整新建工作簿内"工作表数"框中的数值即可实现。如图2-22所示:

图2-22 调整新建工作簿中工作表数值

2.3.2 隐藏工作表

如果需要对暂时不用或者有秘密的工作表进行隐藏,操作方法为:鼠标右击需要隐藏的工作表,选择隐藏工作表。如果需要取消隐藏,则鼠标右击其他工作表,选择"取消隐藏"功能,Excel提示选定要取消隐藏的工作表,点击"确定"按钮,如图2-23所示:

图2-23 取消隐藏对话框

2.3.3 删除工作表

对于不需要使用的工作表,可以使用删除功能删除相应工作表,避免出现文件过多现象。

操作步骤

[1] 在要删除的工作表标签上单击鼠标右键,在弹出的快捷菜单中选择"删除"功能,将弹出如图2-24所示的对话框。

[2] 单击"删除"按钮,则删除该工作表。

图2-24 删除工作表对话框

2.3.4 重命名工作表

工作表默认的名称为"Sheet1,Sheet2,Sheet3",如果需要重新命名,有如下方法:

(1) 在需要重新命名的工作表上单击右键,在弹出的快捷菜单中选择"重命名",修改工作表名称即可,如图 2-25 所示。

图 2-25 重命名快捷菜单

(2) 用鼠标左键双击需要更改名称的工作表,进入编辑工作表名称状态进行更改。

2.3.5 移动与复制工作表

如果需要对当前工作表进行移动或者复制,可执行如下操作:

 操作步骤

[1] 在需要重新命名的工作表上单击右键,在弹出的快捷菜单中选择"移动或复制工作表"。

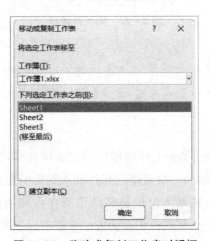

图 2-26 移动或复制工作表对话框

[2] 在"工作簿"下拉列表框中选择需要将工作表移至的工作簿。

[3] 在"下列选定工作表之前"列表框中选择将当前工作表移至哪个工作表之前,如上图为移至"Sheet1"工作表之前。

[4] 如果选择了"建立副本"复选框,结果移动后又复制了该表,增加了一个与本工作表内容一致的新工作表,如果不选择该复选框,则只进行移动工作,不增加工作表数量。

2.3.6 编辑工作表中的行和列

在一个工作表中输入相关数据时,经常出现工作表的行和列缺少或者多余的情况,因此需要掌握如何进行行和列的增加、修改和删除的操作。

1. 增加行　一般说来新增的行将插入到选中的行或单元格的上方,增加行的方法很多,可灵活运用掌握。

(1) 单击某一行的行号选中该行,选择【插入】菜单下的【行】选项,会在该行上方增加一行。

(2) 单击某一单元格,选择【插入】菜单下的【行】选项,会在该单元格所在行的上方增加一行。

(3) 选中某一行,点击鼠标右键"插入"选项,则在该行上方新增一行。

(4) 选中某一个单元格,点击右键"插入",会出现如图 2-27 所示对话框,选择"整行"选项,则会插入新行。

图 2-27　插入对话框

> 注意:上述操作是选中某一行或者一个单元格,一次增加一行。如果需要一次增加多行,则可以选中多行或者多个单元格,选择【插入】菜单下的【行】选项或者点击右键"插入"功能。

2. 增加列　用户可以利用类似上述增加行的方法增加列,选择【插入】菜单下的【列】选项或者鼠标右键的"插入"功能。一般新增的列将插入到选中列或者单元格的左侧。

3. 删除行和列　删除行和列不仅仅是删除了所在行和列的数据,同时也把行和列删除,后面的行或者列向前补上。删除行和列的方法主要有以下几种:

(1) 选中行或者列,选择【编辑】菜单下的【删除】选项。

(2) 选中行或者列,在其上单击鼠标右键,从快捷菜单中选择"删除"选项。

(3) 选中单元格,选择【编辑】菜单下的【删除】选项,或者鼠标右键,在快捷菜单中选择"删除"功能,弹出删除对话框,如图 2-28 所示,选中要删除的项目,点击确定即可。

图 2-28　删除对话框

4. 修改行高和列宽　如果某行的高度或者某列的宽度不符合要求需要修改时,可以通过设置行高和列宽功能来实现,由于二者的设置方法基本相同,下面以设置行高为例来说明设置过程,一般设置方法有两种:用鼠标直接修改和使用菜单修改。

(1) 使用鼠标修改行高,就是使用鼠标拖动的方式直接修改,比如修改第一行的行高,将鼠标移至第一行和第二行中间,指针变成带上下箭头的十字形状,按住左键上下拖动,使第一行达到符合的高度,放开鼠标即可。如图 2-29 所示。

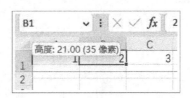

图 2-29　用鼠标修改行高

(2) 使用菜单修改行高

操作方式为:选择【格式】菜单下的【单元格大小】下的"行高"选项,弹出"行高"对话框,在行高的文本框中输入需要设定的高度,点击"确定"即可,如图 2-30 所示。

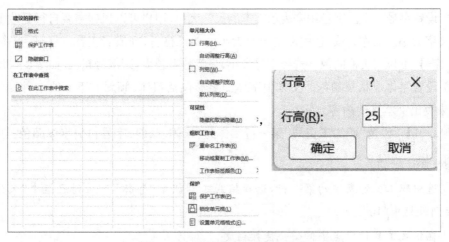

图 2-30　设置行高菜单和对话框

2.3.7 设置工作表格式

为了让一个工作表中的数据更加美观和清晰,通常需要对它们的格式进行设置,设置了工作表及单元格的格式不会影响数据的变化,仅仅增加了美观和打印效果。

1. 设置字体 设置字体主要包括设置字体类型、字号大小及字形颜色等。

(1) 设置字体类型。默认情况下中文字体为"宋体",英文字体为"Times New Roman"。在格式工具栏"字体"下拉列表框中可以查到当前可使用的所有字体类型,单击"字体"下拉列表框,可以按照要求选择不同的类型,如图2-31所示。

图2-31 设置字体类型

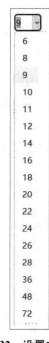

图2-32 设置文本字号

(2) 设置字号大小。字号用来表示文本的尺寸大小,用户可以根据需要自行更改 Excel 文档中的文字大小。操作方法:选中需要更改大小的单元格、行列或者工作表区域,点击格式工具栏的"字号"下拉列表框的数字选择字号大小,一般数字越大,则字号越大,如图2-32所示。

(3) 设置字体形状及颜色。文本中字体的字形包括粗体、倾斜和下划线三种,结合颜色变更用来突出文本重要内容。

【例2-1】 设置"职工工资表"第一行字体为:宋体、倾斜;字号:16;字体颜色:红色。

操作步骤

[1] 选中职工工资表中的第一行,选择格式工具栏中"字体"下拉列表框中"宋体","字号"下拉列表框中"16"。

[2] 在格式工具栏中点击倾斜快捷按钮 I 。

[3] 选择格式工具栏中的字体颜色按钮 A ,选择红色即可。

上述对于字体的设置还可以使用菜单选项进行,选择【格式】菜单下的【单元格】功能,出现对话框后选择"字体"选项卡进行字体设置,如图2-33所示。

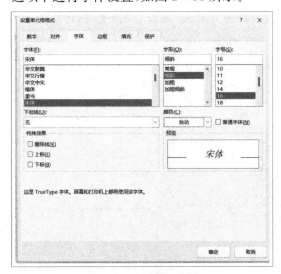

图2-33 字体选项卡

2. 设置边框和背景　为了加强工作表的视觉效果,可以为工作表增加边框并且使用颜色背景。

【例2-2】 设置职工工资表边框:外框为粗线、内部为细线,并设置背景为蓝色。

操作步骤

[1] 打开职工工资表,选择要加边框和更改颜色背景的单元格区域。

[2] 选择【格式】菜单下的【单元格】选项,打开"单元格格式"对话框,选择"边框"选项卡,如图2-34所示:

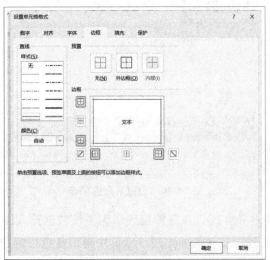

图2-34 边框选项卡

［3］在"线条"选项区选择线条样式，本例选择相对较粗的线条，然后在"预置"选项区点击"外边框"按钮，这样外框为粗线条就设置完毕。

［4］在"线条"选项区选择细线样式，然后在"预置"选项区点击"内部"按钮，这样内部为细线条设置完毕，如图2-35所示：

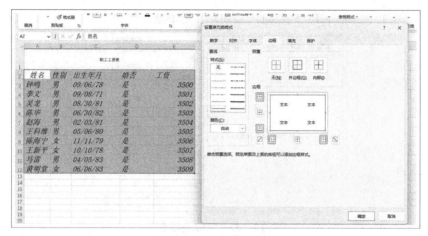

图2-35　设置边框结果

［5］点击单元格格式对话框的"填充"选项卡，在颜色选项区选择蓝色，点击"确定"按钮完成背景设置，如图2-36所示：

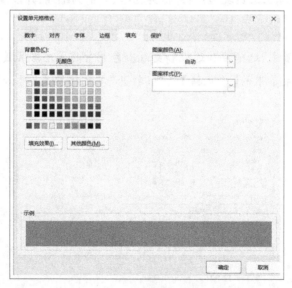

图2-36　设置背景选项卡

3. 设置单元格文本对齐方式　在各种报表中为了使数据排列美观齐整，可以将数据水平或者垂直居中、居左或者居右等状态排列，Excel中可以任意指定数据的对齐方式。

（1）水平对齐。最常用的对齐方式为水平对齐方式，可以采用两种方法设置：

- 选中需要对齐的文本，选择格式工具栏快捷按钮，第一个为左对齐，第二个为居中,第三个为右对齐。

• 选择【格式】菜单下的【单元格】选项,打开"单元格格式"对话框,选择"对齐"选项卡,选择水平对齐方式,如图 2-37 所示:

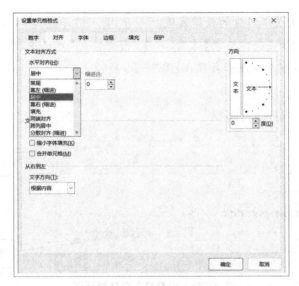

图 2-37　水平对齐方式选择

(2) 垂直对齐。在格式工具栏中没有提供垂直对齐快捷按钮,一般采用的方式是:选择【格式】菜单下的【单元格】选项,打开"单元格格式"对话框,选择"对齐"选项卡,选择垂直对齐方式,如图 2-38 所示:

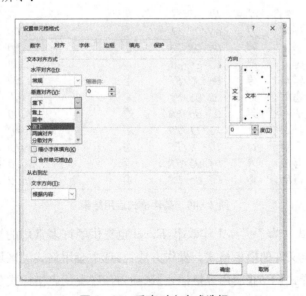

图 2-38　垂直对齐方式选择

4. 运用条件格式　运用条件格式就是使用条件判断来设置格式的方法,即对于选定的多个单元格,符合设定条件的应用给定的格式,不符合条件的不应用该格式。

【例 2-3】 对于职工工资表中工资低于 3200 元的用红色显示,高于 3200 元低于 3400 元的用黄色显示。

操作步骤

[1] 选择包含所有员工工资的数据区域。

[2] 选择【样式】下的【条件格式】选项,打开"条件格式"对话框,由于需要两个条件,因此选择"添加"按钮,分别确定限制条件,如图 2-39 所示:

图 2-39 设置限制条件对话框

[3] 点击"确定"按钮,结果显示如图 2-40 所示。

职工工资表				
姓名	性别	出生年月	婚否	工资
钟鸣	男	09/06/78	是	3500
李文	男	09/08/71	是	3100
吴龙	男	08/30/81	是	3200
陈华	男	06/30/82	是	3300
赵海	男	02/03/81	是	3199
王科维	男	05/06/80	是	3400
陈海宁	女	11/11/79	是	3100
王新平	女	10/10/78	是	3011
马雷	男	04/05/83	是	3600
黄明堂	女	06/06/83	是	3509

图 2-40 条件格式运用结果

5. 自动套用格式　为了提高工作效率,Excel 也提供了许多常用的格式,自动套用格式就是引用这些预先定义好的模板格式。操作方法为:选中套用格式的区域,注意不能为一个单元格;然后选择【样式】下的【套用表格样式】选项,打开"套用表格样式"对话框,如图 2-41 所示。最后选择需要的格式,点击"确定"按钮即可。

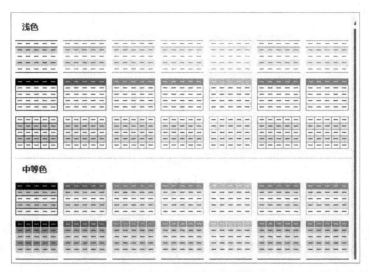

图 2-41　自动套用格式对话框

2.3.8　文件的安全与保护

用户有时需要保护一些文本不被他人修改或者观看，Excel 提供了安全与保护的功能，主要有：设置文件打开密码和保护工作簿及工作表。

1. 设置文件打开密码　为了防止他人打开保密的文件，或者防止他人修改重要的文本数据，可以为该文件设置打开密码和修改密码。

操作步骤

［1］打开要设置密码的文件。

［2］选择【文件】菜单下的【另存为】选项，在"另存为"对话框中单击右下方"工具"的"常规选项"，如图 2-42 所示。

图 2-42　另存为对话框中的常规选项

［3］点击"常规选项"，显示设置密码对话框，设置好打开密码和修改密码后确定即可，

如图 2-43 所示：

图 2-43　设置密码

📖 注意：打开权限密码是打开工作簿需要输入的密码；修改权限密码是控制能否修改并保存文件的密码，如果只有打开密码，没有修改密码，则只能以只读方式打开，修改完该文件后不能保存原文件，只能另存为其他文件。

2. 保护工作簿和工作表　保护工作簿和工作表是针对工作簿和工作表不同操作功能进行的限定：

（1）保护工作表。可以对工作表的具体内容和对象进行保护，设定权限密码。操作步骤：选择【文件】菜单的【信息】选项下的【保护工作表】命令，打开对话框，如图 2-44 所示，选择对应的保护内容，输入权限密码，点击"确定"按钮。

图 2-44　保护工作表对话框

（2）保护工作簿是针对工作簿的结构和窗口布局进行的保护，操作方法是：选择【文件】菜单的【信息】选项下的【保护工作簿】命令，打开对话框，如图 2-45 所示，设定保护的是结构还是窗口或是二者全部保护，输入权限密码，点击"确定"按钮。

图 2-45　保护工作簿

2.4　单元格基本操作

单元格是 Excel 工作表中的最小数据编辑单元,通常可以对单元格进行录入、复制、粘贴、合并、隐藏、数据有效性设置等操作。

2.4.1　选择单元格

1. 选择单个单元格　将鼠标指针移动到某单元格中,单击该单元格,这时该单元格以加粗的黑框包围作高亮显示,则表示选中了该单元格。同时在名称框中会显示被选单元格的列标和行标(A1),如图 2-46 所示:

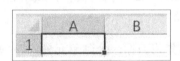

图 2-46　选中单个单元格

2. 选中多个连续的单元格　在进行数据处理时有时需要对多个连续单元格进行操作,特别是连续选择某一区间内的单元格,选择的方法是按住鼠标左键进行拖动。

【例 2-4】　选中 B2 至 D5 区域

操作步骤

［1］点击单元格 B2 并按住鼠标左键。

［2］向右下方拖动鼠标,直至拖到 D5 单元格为止。

执行后选中了 B2 至 D5 区域(表示方法为 B2:D5,中间用冒号隔开),如图 2-47 所示:

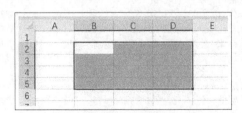

图 2-47　选中多个连续的单元格

3. 选中分散的多个单元格　在某些特殊状况下需要选择多个单元格,但是这些单元格是不连续、不相邻的。选择方法为先选中连续的区域,对于不连续的区域按住【Ctrl】键进行单选。

【例 2-5】 承前例在选中 B2 至 D5 区域的同时,选中 A6、E3 单元格。

操作步骤

[1] 点击单元格 B2 并按住鼠标左键,向右下方拖动,直至拖到 D5 单元格为止。

[2] 按住【Ctrl】键,单击 A6 单元格,则同时选中了 A6。

[3] 按住【Ctrl】键,单击 E3 单元格,则同时选中了 E3。

操作结果如图 2-48 所示。

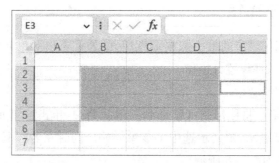

图 2-48 选中分散的多个单元格

2.4.2 录入数据

使用 Excel 处理数据,必须先将数据录入到单元格中,一般来说输入到单元格的数据有字符型、数值型及日期和时间型。

1. 录入字符型数据 字符型数据一般是指汉字及英文字母这样的数据,也就是通常所说的文本。字符型数据一般用来命名行和列的数据内容,如上述职工工资表中的姓名、性别、出生年月等文本信息,如图 2-49 所示。

图 2-49 选中部分为字符型数据

2. 录入数值型数据　数值型数据是 Excel 中最常用的数据,一般由数字构成,用于记录数量、资金、体积、重量等可进行四则运算的数据。其录入方法同字符型录入方法,数据见 2-50 中的工资数据"3500、3100、3200 等"。

值得注意的是,默认状态下录入的数字一般属于常规状态,即如果输入"3500.00"时小数点后面的零是不显示的,输入结果是"3500"。用户输入的数字若需要保留小数位显示,则可以进行单元格属性设置,设置方法举例进行说明。

【例 2-6】 将图 2-50 中的 E 列工资数字显示时保留两位小数位,并且千分位隔开,如"3,500.00"。

 操作步骤

[1] 连续选中 E3 至 E12,如图 2-50 所示。

姓名	性别	出生年月	婚否	基本工资
钟名	男	09/06/78	是	3,500.00
李文	男	09/08/71	是	3,100.00
吴龙	男	08/30/83	是	3,200.00
陈华	男	06/30/82	是	3,300.00
赵海	男	07/21/84	是	3,199.00
王科维	男	03/08/84	是	3,400.00
陈海宁	女	05/11/79	是	3,100.00
王新平	女	03/14/80	是	3,011.00
马雷	男	08/09/80	是	3,600.00
黄明堂	女	09/09/83	是	3,509.00

图 2-50　选中 E3 至 E12 单元格

[2] 选择【格式】菜单下的【单元格】选项,选中"数字"选项卡,设置小数位为"2","使用千位分隔符"前面的复选框打上对钩,设置过程及结果如图 2-51 所示。

图 2-51　设置数值型单元格格式

3. 录入日期 录入日期的格式与字符型、数字型录入方法略有不同,以输入"2022 年 9 月 20 日"为例,常见的录入方法有:

(1) 在单元格中录入"2022-09-20"。

(2) 在单元格中录入"2022/09/20"。

(3) 在单元格中录入"2022 年 9 月 20 日"。

按照以上方法输入的数据都为日期格式数据,虽然输入方法多种,但是系统默认的日期格式都相同,即为编辑栏中显示的格式,如图 2-52 所示。

图 2-52 日期型数据录入

📖 注意:用户可以对日期型数据的不同显示格式进行自定义设置,设置方法为:首先选中日期型单元格;然后点击【格式】菜单下的【单元格】选项,选中"数字"选项卡中的"日期";最后在右侧"类型"中选中需要显示的类型即可。

4. 录入时间 时间由小时、分、秒组成,在录入时要以冒号隔开,如"5:28:56"。由于上午和下午都有 5 点,为了区分,在 Excel 中输入时间时,可以在输入的时间后空一格再加上一个 A(上午 AM)或者 P(下午 PM)来注明是上午还是下午。其他设置方法同日期,这里不再多叙。

2.4.3 复制粘贴数据

复制与粘贴是最常用的数据编辑方法,在输入多个相同数据时可以将一个数据进行复制,然后把该数据粘贴到指定位置上,提高数据录入效率。

1. 复制与剪切数据 Excel 中复制数据的方法主要有:

- 选择【编辑】菜单下的【复制】选项。
- 按快捷键【Ctrl+C】。
- 单击常用工具栏"复制"按钮。
- 单击鼠标右键选择"复制"功能。

📖 注意:与复制相同操作的还有剪切功能,剪切和复制的区别在于剪切数据后同时将该数据从原单元格中删除掉。进行剪切操作也有如下方法:使用【编辑】菜单下的【剪切】功能;使用快捷键【Ctrl+X】;单击常用工具栏中的剪切按钮;单击鼠标右键选择"剪切"功能。

2. 粘贴数据 粘贴和复制、剪切是对应的操作,粘贴能够将已经复制或者剪切的数据粘贴到指定的单元格或单元格区域。粘贴的方法主要有：
- 选择【编辑】菜单下的【粘贴】选项。
- 按快捷键【Ctrl+V】。
- 单击常用工具栏中的"粘贴"按钮。
- 单击鼠标右键选择"粘贴"功能。

📖 注意：当实际应用中需要在连续单元格填充相同数据时，可以采用"自动填充数据"的功能。填充方法为：选择已经输入数据的单元格；鼠标移至该单元格右下角的一个小黑方块上，鼠标变成十字形状；按住鼠标左键并上下或者左右拖动，所有覆盖的单元格都自动填充了最初选中的那个单元格的数据。

2.4.4 撤销与恢复操作

当用户执行了错误的操作后需要撤销回到原来的状态或者重做被撤销的操作，可以使用撤销与恢复操作，二者操作功能相反。

1. 撤销操作　用户可以通过以下方法进行"撤销"操作：
- 选择【编辑】菜单下的【撤销】选项。
- 按快捷键【Ctrl+Z】。
- 单击常用工具栏"撤销"按钮 ↶。

2. 恢复操作　只有在执行了撤销后恢复操作才被激活，一般恢复操作的方法有：
- 选择【编辑】菜单下的【恢复】选项。
- 按快捷键【Ctrl+Y】。
- 单击常用工具栏"撤销"按钮 ↷。

📖 注意：当保存文档后，撤销与恢复操作都会失效。

2.4.5 删除单元格数据

当某个或某些单元格数据错误较多时，可以将其中的数据进行删除，常见的情况主要有删除单个单元格数据和删除多个单元格数据。

1. 删除单个单元格数据　主要采用的操作方法：
- 选中要删除的单元格，按键盘上的【Delete】键。
- 选中要删除的单元格，点击鼠标右键，在快捷菜单中选中"删除"功能。

2. 删除多个单元格数据　当多个单元格有大量数据错误时，用户可以选择删除多个单元格数据，操作方法为：同时选中(见前述的"选择多个单元格"部分)要删除的单元格，按键盘上的【Delete】键，这样就会删除多个单元格数据。

2.4.6 合并与隐藏单元格

1. 合并单元格　根据实际使用的需要，用户可以对单元格进行合并，即可以把多个单元格合并为一个单元格,操作方法为:单击格式工具栏中的合并单元格按钮 。

  注意:合并单元格后,只保留所选中需要合并的多个单元格中"左上角的单元格"数据。

2. 隐藏单元格 隐藏单元格是将单元格处于非显示状态,一般有单元格隐藏和单元格内容隐藏。

（1）单元格隐藏。单元格无法单个隐藏,如果隐藏需要将所在的行或者列进行隐藏。隐藏的方法是:选取单元格所在的行或者列,单击右键快捷菜单选中"隐藏"功能或者选择【格式】菜单下的"行或列——隐藏"功能。取消隐藏的方法为:选中包含隐藏的行或者列区域,点击右键"取消隐藏"或者选择【格式】菜单下的"行或列——取消隐藏"功能。如图2-53所示：

图 2-53 隐藏单元格

（2）单元格内容隐藏。单元格内容隐藏常见的有隐藏零值、隐藏公式。

隐藏零值就是把工作表单元格中所有的零值隐藏,操作方法为:点击【文件】菜单下的【选项】功能,打开"高级"后选择"显示"选项卡,取消"零值"选项。如图2-54所示：

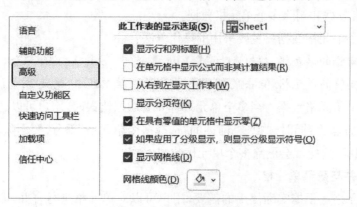

图 2-54 取消零值选项

隐藏公式是只有在工作表受到保护状态下,让所设置区域的公式处于隐藏状态。操作方法为:选取需要隐藏的公式所在的区域,点击【格式】菜单下的【单元格】功能,在"保护"选项卡中选中"隐藏"项。如图 2-55 所示。

图 2-55　隐藏公式

> 注意:隐藏公式生效的条件是该工作表被保护,如果要保护工作表,前面已经提及,需要选择【工具】菜单中的"保护"命令,然后选择"保护工作表",可以选择是否加密保护。

2.4.7　数据有效性设置

为了保证正确录入单元格数据,使得在输入时能够按照要求的条件进行,Excel 提供了"数据有效性"功能,下面通过举例来加以说明如何进行数据有效性设置。

【例 2-7】　输入学生成绩,成绩单元格数据的限制条件为 0 到 100 之间的整数。

 操作步骤

[1]选择要应用数据有效性的单元格区域,如图 2-56 所示。

	A	B	C	D
1		学生成绩表		
2	姓名	英语	高数	体育
3	王欣	75	85	90
4	李小冉	88	90	70
5	丁敏	80	95	75
6	赵杰	90	90	60

图 2-56　选中设置有效性的单元格区域

[2]选择【数据】菜单下的【数据验证】功能,打开有效性对话框,如图 2-57 所示。

图 2-57 数据验证对话框

[3] 单击"设置"选项卡,在"允许"下拉列表中选中"整数",从"数据"下拉列表中选中"介于",在"最小值"文本框中填入"0",在"最大值"文本框中填入"100"。

[4] 点击"确定"按钮,即可完成有效性设置。

设置完数据有效性后,如果在设定了有效性的区域内输入的数据不符合要求,系统会显示一个信息框提示输入错误,如图 2-58 所示。

图 2-58 输入非法值的提示

【例 2-8】 职工工资简表如图 2-59 所示,假定员工有三类:管理人员、销售人员和生产人员,对员工类别列设置数据有效性控制,使得确定每位员工类别时可以进行选择。

第 2 章　Excel 基本操作

	A	B	C	D	E	F
1	职工工资简表					
2	姓名	出生年月	所属部门	级别	基本工资	员工类型
3	钟名	09/06/78	销售部	1	5000	
4	李文	09/08/71	销售部	2	3500	
5	吴龙	08/30/83	生产部	1	3000	
6	陈华	06/30/82	财务部	1	3000	
7	赵海	07/21/84	销售部	2	3500	
8	王克维	03/08/84	生产部	3	1000	
9	陈海宁	05/11/79	销售部	3	2000	
10	王新平	03/14/80	生产部	2	2000	
11	马雷	08/09/80	销售部	1	5000	
12	方名堂	09/09/83	办公室	1	3000	
13	合计					

图 2-59　职工工资简表

操作步骤

[1] 按照上图，点击 F3:F12 区域，选择【数据】菜单下【数据验证】功能。如图 2-60 所示。

图 2-60　有效性条件对话框

[2] 在"允许"区域选择"序列"，在"来源"区域输入"管理人员，销售人员，生产人员"，如图 2-61 所示。

图 2-61　有效性设置

【3】点击确定,结果如图 2-62 所示。

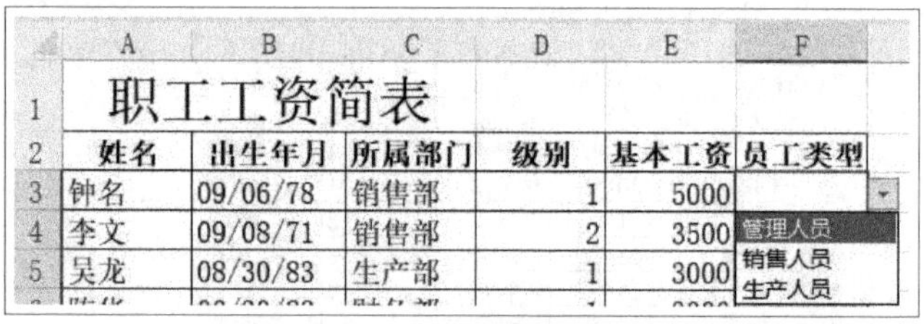

图 2-62 设置结果

> 注意:如果有效性的序列是其他工作表中的某个单元格或者单元格区域时,应当使用 INDIRECT 函数,具体参见第三章《公式与函数》。

用户希望鼠标移到某个单元格时,系统提示该单元格的输入内容,该提示的有效性设置为:点击【数据】菜单下的【有效性】功能,选择"输入信息"选项卡,在标题和输入信息栏目填入所需输入的信息和标题,其中标题可以为空。设置结果如图 2-63、图 2-64 所示。

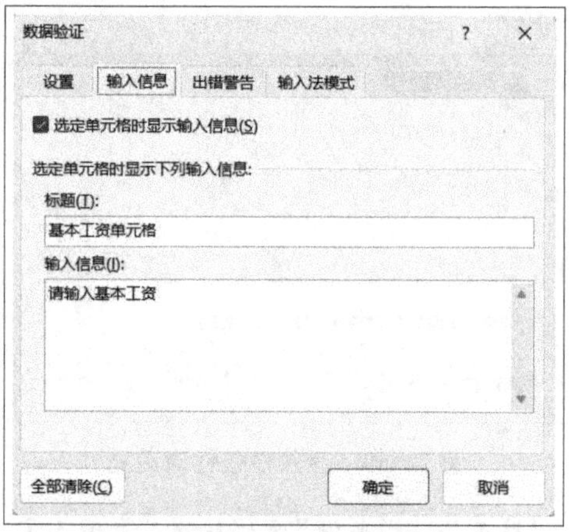

图 2-63 设置输入信息提示

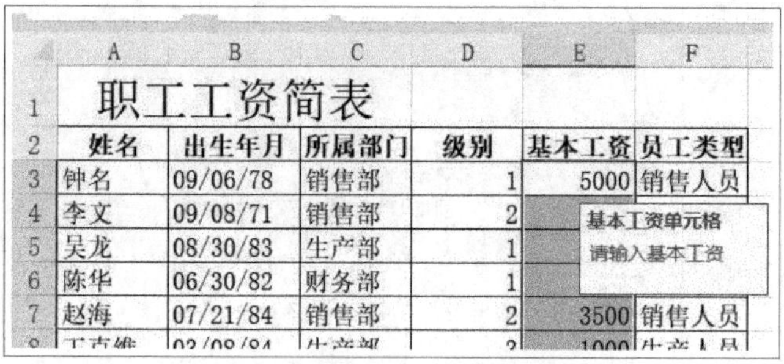

图 2-64 显示输入信息提示内容

用户对单元格设置了有效性后,也可以对出错警告进行设置。如果例 2-7 中的成绩输入不在 0~100 之间,进行出错警告设置,结果如图 2-65、图 2-66 所示。

图 2-65　出错警告设置

图 2-66　出错警告

2.4.8　添加批注

批注是为单元格添加的文字说明,用以辅助说明单元格中数据表达的含义,起到解释作用,但其不是工作表的正文。

操作步骤

[1] 选择要添加批注的单元格。

[2] 选择【插入】菜单下的【批注】选项,在所选单元格附近会出现一个批注文本框。

[3] 在批注文本框中输入批注的内容,如图 2-67 所示。

[4] 单击批注文本框以外的地方,批注文本框即可隐藏。

注意:添加了批注的单元格右上角会显示一个红色的三角形,它表示该单元格有批注,以引起阅读者注意。当用户把鼠标移到该单元格,即可显示该批注。

图 2-67 为单元格添加批注

2.5 本章小结

本章作为 Excel 基础操作部分，主要从工作簿、工作表和单元格基本操作三大部分进行了详细讲解，通过本章学习，读者应当了解工作簿的创建、打开、编辑、保存及关闭等操作；掌握工作表的插入、隐藏、移动与复制、编辑、删除、安全与保护等操作；掌握单元格的选择、录入、复制粘贴、合并隐藏、数据有效性设置、添加批注等操作。

第 3 章 公式与函数

Excel 受到普遍欢迎的一个重要原因就是因为其强大的数据处理能力,而公式和函数为分析和处理数据提供了方便,特别是在进行大批量数据处理和复杂数据分析等方面尤为重要。Excel 使用过程中涉及的函数众多,本章在介绍公式和函数基本用法的同时,着重对在会计与财务工作中经常用到的公式和函数进行阐述。

本章要点:
- 掌握公式的创建与引用
- 了解数组公式与三维引用
- 掌握常用函数的用法及实例

3.1 公式的创建与引用

所谓公式,就是通过已经知道的数值来计算新数值的等式。公式中可以包括数字、运算符号和一些内置的函数等,利用公式中运算符号的优先顺序以及内置函数的快捷功能,可极大简化数据的分析处理工作量,提高工作效率。

3.1.1 运算符号的优先级

在 Excel 中含有众多的运算符号,每一种运算符号都有一个固定的运算优先级,一般来说常用的运算符号的优先级如下:

1. 括号　在 Excel 中最先计算括号内的数据,然后计算括号外的部分。
2. 乘法和除法　进行乘法运算和除法运算在括号后进行。
3. 加法和减法　进行加法和减法运算在乘除之后进行。
4. 连接符(&)　该符号作用是将两个文本值连接或者串联起来产生一个新的文本值,在加减之后执行。
5. "等于、不等于、大于等于和小于等于"比较运算符　作用是将公式中的元素进行比较操作,一般在连接符后执行。

3.1.2 公式的创建

Excel 公式的基本语法是在需要创建公式的单元格中输入等号"=",一般以等号开始,等号后面既可以连接若干数字计算公式,也可以连接若干单元格之间的计算关系式。

【例3-1】 在单元格B2中设置公式,使其自动计算出5*8的值。

 操作步骤

[1] 选中单元格B2。

[2] 用键盘输入等号"="。

[3] 在等号后输入5*8。

[4] 按【Enter】键。

创建完公式后的结果如图3-1所示。

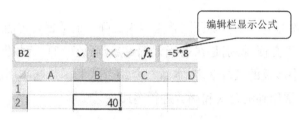

图3-1 在工作表单元格中创建公式

【例3-2】 工作表中A2单元格数值为1000,B2单元格数值为1500,C2单元格数值为1200,如图3-2所示。请为D2单元格创建公式,使得其数值等于前三项之和。

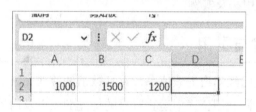

图3-2 单元格数据

 操作步骤

[1] 选中单元格D2。

[2] 输入"="号。

[3] 用鼠标点击A2单元格,然后点击键盘上的"+"。

[4] 用鼠标点击B2单元格,然后点击键盘上的"+"。

[5] 用鼠标点击C2单元格,然后点击键盘上的【Enter】。

创建完公式的结果如图3-3所示。

图3-3 使用单元格进行创建公式

3.1.3 引用公式

在 Excel 中有一个重要的特性就是用户可以将某一单元格的公式快速复制到其他单元格中,并且公式会自动进行位置变化。

快速复制公式的步骤为:

[1] 选中存在公式的单元格。

[2] 鼠标移至该单元格右下角,鼠标变为黑色十字形状。

[3] 按住鼠标左键向下或者向右拖动即可完成公式的快速复制。

如需要将上例中的 D2 单元格公式(=A2+B2+C2)快速复制到 D3 单元格中,按照上述操作步骤向下拖动 D2 单元格,结果 D3 单元格公式自动变换为:"=A3+B3+C3",单元格位置随拖动发生了变化。之所以出现这种变化,就是由于 Excel 自动启动了引用功能,一般来说引用可以分为三类:绝对引用、相对引用和混合引用。

1. 绝对引用　绝对引用就是将某单元格公式复制粘贴到任何单元格,公式都不会发生变动,仍然是原来单元格的数据。绝对引用书写方法是在单元格行和列前面都有美元符号"$",例如:上例 D2 单元格公式编辑为"=$A$2+$B$2+$C$2",则复制粘贴该公式到其他单元格,公式和数值与 D2 相同保持不变,仍然是 A2、B2、C2 三个单元格的和。

2. 相对引用　相对引用不加美元符号,如果复制该单元格的公式并把它粘贴到其他单元格中,相对引用会自动调整参与计算的单元格和结果。如上例中把 D2 公式粘贴到 D3 单元格中,则 D3 单元格公式自动变换为:"=A3+B3+C3"。

3. 混合引用　混合引用是指在引用中行固定不变列自动调整或者行自动调整列固定不变的引用状态。此种引用的编辑方法是:如果需要行不变列变化,则在行(数字)前加上"$",列(字母)前面不加该符号,如 A$2+B$2;如果需要行变化列固定不变,则在列(字母)前面加上"$",行(数字)前面不加"$",如 $A2+$B2。

3.2　数组公式与三维引用

数组公式对一组或多组数值执行多重计算,并返回一个或多个计算结果。通过一个数组公式的使用可以完成多个公式计算任务,提高数据处理速度。

三维引用就是引用同一工作簿中多张工作表的单元格或单元格区域中的数据进行四则运算。

3.2.1　数组公式

1. 输入数组公式　输入数组公式方法比较简单,以实例进行说明。

【例 3-3】　单元格区域 C1 至 C3 的数值等于单元格区域 A1 至 A3、B1 至 B3 数值的乘积。单元格区域 A1 至 A3、B1 至 B3 数值如图 3-4 所示。

	A	B	C
1	10	5	
2	20	4	
3	30	3	

图 3-4　单元格区域数值

操作步骤

[1] 选中 C1 至 C3 单元格区域。

[2] 在编辑栏中输入公式"=A1:A3*B1:B3"。

[3] 按快捷键【Ctrl+Shift+Enter】,结束操作。

操作结果如图 3-5 所示。

图 3-5 数组公式计算结果

2. 编辑数组公式 输入了数组公式后经常需要对其进行修改,修改编辑数组公式的操作要点为:

(1) 选中包含数组公式的单元格。

(2) 点击"编辑栏"下的编辑框,编辑数组公式。

(3) 按快捷键【Ctrl+Shift+Enter】。

注意:第三步是重点,设置完毕后不是直接按【Enter】键。

3.2.2 三维引用

所谓三维引用就是引用不同工作簿及同一工作簿多张工作表的相同单元格或者单元格区域中的数据,Excel 可以使用存储在引用开始名和结束名之间的任何工作表。

【例 3-4】 引用工作簿的 **sheet1** 到 **sheet3** 工作表里面所有 **B2** 单元格中数值的和。

操作步骤

[1] 在编辑栏输入"="号。

[2] 在等号后面输入"sheet1! B2+sheet2! B2+sheet3! B2";或者输入"SUM(sheet1:sheet3! B2)"。

[3] 按回车键即可。

注意:三维引用时指定某个表页单元格的书写方法是"表页+"!"+单元格";公式中既可直接使用四则运算符号,也可使用系统给定的函数。

上例对同一工作簿下的不同工作表引用格式进行了说明,如果是不同工作簿。如甲.XLS 和乙.XLS 两个工作簿取数,"甲.XLS"工作簿 sheet1 工作表下的单元格 B1 取"乙.XLS"工作簿 sheet2 工作表下的单元格 D5 数据,设置公式为"=[乙.XLS]sheet2! D5",取数时"乙.XLS"工作簿必须是打开的。

3.3 工作表函数

函数就是预先定义好的内置的公式,函数的语法为:函数名称()。括号里面输入的是该函数的各项参数。Excel 常见函数主要分为:数学与三角函数、文本函数、逻辑函数、数据库函数、统计函数、查找和引用函数、日期和时间函数、财务函数等,下面对在财务与会计工作中经常使用的函数进行详细说明。

3.3.1 数学与统计函数

数学与统计函数就是那些用于各种数学运算及数据统计分析的函数,常见的有求和函数、求绝对值函数、平均值函数、计数函数、最大值最小值函数、四舍五入函数及求余数函数等。

1. 求和函数 主要有 SUM 函数、SUMIF 函数。

(1) SUM 函数。SUM 函数的功能在于将函数的各个参数进行求和,是最常用的函数,对表格指定区域进行合计都用到该函数。

SUM 函数的语法规则:SUM(参数 1,参数 2,参数 3,…)。

其中各个参数之间用逗号分开,函数中最多可以有 30 个参数,参数可以是数字、逻辑值、数字的文本表达式及单元格标记,当参数是错误值或不能转换为数字的文本时,该函数将提示错误。

• 数字常数求和:SUM(1,6,8),返回结果是 15,即 1+6+8 的合计。

• 可转换为数字的文本和数字之间求和:SUM("1",6,8),该函数返回结果仍然是 15,即文本"1"为可转换为数字的文本,运行时转换为数字 1,结果仍然为 1+6+8 的合计。

• 数字和逻辑值的求和:SUM(2,True),该函数的第二个参数 True 为逻辑值,运行时返回数值 1,因此该函数的运行结果为 3,即 2+1 的合计。

• 单元格引用求和:SUM(A1,B2),该函数运行结果是对 A1 单元格和 B2 单元格数字求和,如图 3-6 所示单元格 A1 为 100,B2 为 200,A3 为求和单元格,则该函数运行结果为 300。

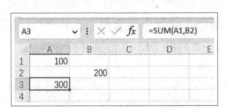

图 3-6 单元格引用求和

> 注意:SUM 函数中的单元格可以用手工输入,输入时单元格之间用逗号隔开;也可以用鼠标选取,选取不同单元格时按住【Ctrl】键。

• 连续单元格区域求和:如图 3-7 所示,需要对所有员工工资进行合计,书写方式为 SUM(E3:E12),该函数表示对 E3 至 E12 区域的所有单元格数字求和,返回结果显示在 E13 单元格中,如图所示:E13=31000。

	A	B	C	D	E
1	职工工资简表				
2	姓名	出生年月	所属部门	级别	基本工资
3	钟名	09/06/78	销售部	1	5000
4	李文	09/08/71	销售部	2	3500
5	吴龙	08/30/83	生产部	1	3000
6	陈华	06/30/82	财务部	1	3000
7	赵海	07/21/84	销售部	2	3500
8	王克维	03/08/84	生产部	3	1000
9	陈海宁	05/11/79	销售部	3	2000
10	王新平	03/14/80	生产部	2	2000
11	马雷	08/09/80	销售部	1	5000
12	方名堂	09/09/83	办公室	1	3000
13	合计				

E13 =SUM(E3:E12)

	A	B	C	D	E
1	职工工资简表				
2	姓名	出生年月	所属部门	级别	基本工资
3	钟名	09/06/78	销售部	1	5000
4	李文	09/08/71	销售部	2	3500
5	吴龙	08/30/83	生产部	1	3000
6	陈华	06/30/82	财务部	1	3000
7	赵海	07/21/84	销售部	2	3500
8	王克维	03/08/84	生产部	3	1000
9	陈海宁	05/11/79	销售部	3	2000
10	王新平	03/14/80	生产部	2	2000
11	马雷	08/09/80	销售部	1	5000
12	方名堂	09/09/83	办公室	1	3000
13	合计				31000

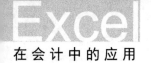

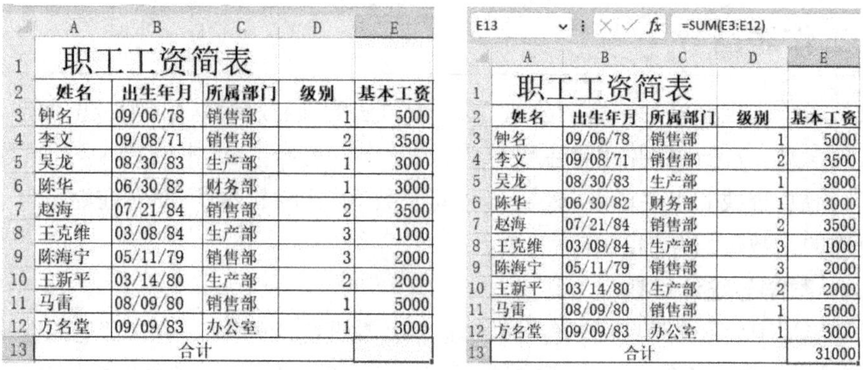

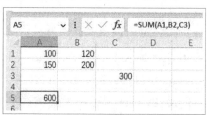

图 3-7　连续区域求和

📖 注意：SUM 函数中的连续单元格区域可以用手工输入，输入时连续区域的起始单元格和终点单元格之间用冒号隔开，也可以用鼠标选取起始单元格和终点单元格，中间输入冒号。

• 不连续单元格区域求和：输入连续区域单元格和不连续的区域单元格，中间用逗号隔开，也可以用鼠标选取，选取方式同上。如图 3-8 所示。

A5 =SUM(A1,B2,C3)

	A	B	C	D	E
1	100	120			
2	150	200			
3			300		
4					
5	600				
6					

图 3-8　不连续区域求和

• 多个工作表的单元格求和：这也是 SUM 函数的三维引用，即对多个工作表下的不同单元格进行求和。书写方式为：SUM(工作表 1！单元格，工作表 2！单元格)。

【例 3-5】　如图 3-9 所示工作簿中包含两个工作表“1 月工资”和“2 月工资”，对 1 月和 2 月工资进行汇总，即对 1～2 月的 E13 单元格进行合计。

E13 =SUM(E3:E12)

	A	B	C	D	E	F
1	职工工资简表					
2	姓名	出生年月	所属部门	级别	基本工资	员工类型
3	钟名	09/06/78	销售部	1	5000	销售人员
4	李文	09/08/71	销售部	2	3500	销售人员
5	吴龙	08/30/83	生产部	1	3000	生产人员
6	陈华	06/30/82	财务部	1	3000	管理人员
7	赵海	07/21/84	销售部	2	3500	销售人员
8	王克维	03/08/84	生产部	3	1000	生产人员
9	陈海宁	05/11/79	销售部	3	2000	销售人员
10	王新平	03/14/80	生产部	2	2000	生产人员
11	马雷	08/09/80	销售部	1	5000	销售人员
12	方名堂	09/09/83	办公室	1	3000	管理人员
13	合计				31000	

一月工资　二月工资　三月工资

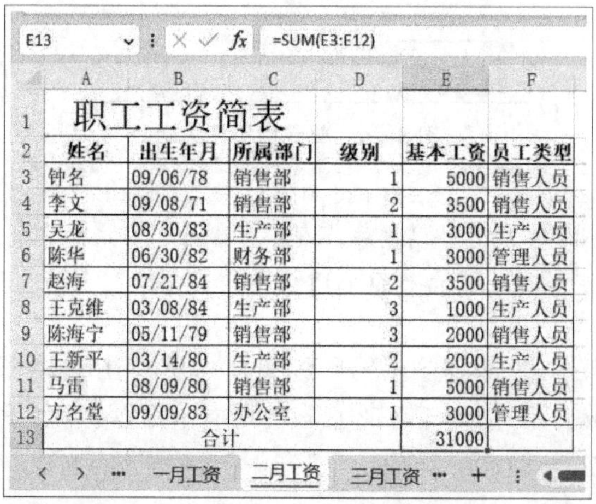

图 3-9　月工资表及汇总表

操作步骤

[1] 点开"1~2月工资总额"工作表,选择要输出总额信息的单元格。

[2] 输入"=SUM('1月工资'! E13,'2月工资'! E13)"。

[3] 输入完毕,按回车键【Enter】。

(2) SUMIF函数。SUMIF函数是根据指定条件对单元格求和。

SUMIF函数的语法规则:SUMIF(条件判断区域,条件,满足条件的求和单元格区域)。下面通过举例说明该函数的使用步骤。

【例3-6】 假定员工借款明细表如下(表3-1):

表3-1 员工借款明细表

日期	姓名	借款金额(元)	用途
2022.10.09	张三	10 000	出差借款
2022.10.25	李四	5000	调研
2022.12.20	张三	2000	参加会议

要求:在E1单元格统计出姓名为张三的员工2022年度借款的总金额。

操作步骤

[1] 打开Excel工作表,把上述表格及数据填入工作表中,如图3-10所示。

图3-10 员工借款明细表

[2] 点击单元格E1,按照题目要求查找区域为B2至B4单元格,条件是姓名为张三,符合条件计算区域是C2至C4单元格。

[3] 输入"=SUMIF(B2:B4,"张三",C2:C4)",按【Enter】键即可,结果如图3-11所示。

图3-11 根据员工条件设置的结果

> 注意：上述公式的条件也可以设置为"＝张三"，即公式为"＝SUMIF(B2:B4,"＝张三",C2:C4)"，返回结果相同。

【例 3－7】 资料同上，要求在 E1 单元格对表中大于 2000 元的借款进行合计。

操作步骤

[1] 点击单元格 E1。

[2] 输入"＝SUMIF(C2:C4,">2000")"，按【Enter】键即可。如果求和区域省略，则默认为对条件区域满足条件的数据求和，如图 3-12 所示。

图 3-12 根据借款金额条件设置的结果

> 注意：上例中由于单元格 C4 金额即为 2000，也可以在条件中设定为"大于 C4 单元格数据"，如果条件中引用单元格，其书写方法为"＝SUMIF(C2:C4,">"&C4)"。其中要把比较运算符">"号与引用的单元格分开，不能写成">C4"，并用"&"把运算符和引用单元格连接起来，即：">"&C4。

> 注意：如果需要模糊查找，比如查找所有姓张的员工的出差借款额，可以用星号（*）代替，星号表示任意多个字符，书写方法为"＝SUMIF(B2:B4,"*张*",C2:C4)"。

2. SUMPRODUCT 函数 该函数是在给定的几组数组中，将数组间对应的元素相乘，并返回乘积之和。同时该函数还可以用在多条件计数和求和中。

（1）数组乘积求和：如图 3-13 所示，在商品入库明细表中，已知入库数量和单价，计算各种产品入库总金额。

图 3-13 利用 SUMPRODUCT 函数进行数组乘积求和

选中求和的单元格 C12，输入公式"＝SUMPRODUCT(B3:B10,C3:C10)"，返回计算结果 467。即数组 B3:B10 与数组 C3:C10 进行乘积后再求和。

(2) 多条件计数和求和。

- 多条件计数：SUMPRODUCT((条件 1)＊(条件 2)＊…＊(条件 N))——条件同时成立；SUMPRODUCT((条件 1)＋(条件 2)＋…＋(条件 N))——任一条件成立
- 多条件求和：SUMPRODUCT((条件 1)＊(条件 2)＊…＊(条件 N)＊(要计算的数据区域))——条件同时成立；SUMPRODUCT((条件 1)＋(条件 2)＋…＋(条件 N)＋(要计算的数据区域))——任一条件成立

按照上例，计算商品名称为 D，入库数量为 10 的入库次数。输入公式"＝SUMPRODUCT((A3:A10＝"D")＊(B3:B10＝10))"，返回结果为 1。如图 3－14 所示。

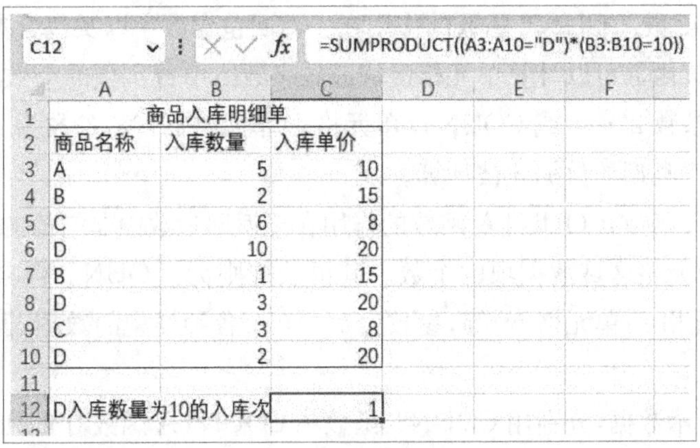
C12　=SUMPRODUCT((A3:A10="D")*(B3:B10=10))

	A	B	C
1	商品入库明细单		
2	商品名称	入库数量	入库单价
3	A	5	10
4	B	2	15
5	C	6	8
6	D	10	20
7	B	1	15
8	D	3	20
9	C	3	8
10	D	2	20
11			
12	D入库数量为10的入库次		1

图 3－14　利用 SUMPRODUCT 函数计数

承上例，计算商品为 D，单价为 20 的入库数量之和。

输入公式"＝SUMPRODUCT((A3:A10＝"D")＊(C3:C10＝20)＊B3:B10)"，返回结果为 15。如图 3－15 所示。

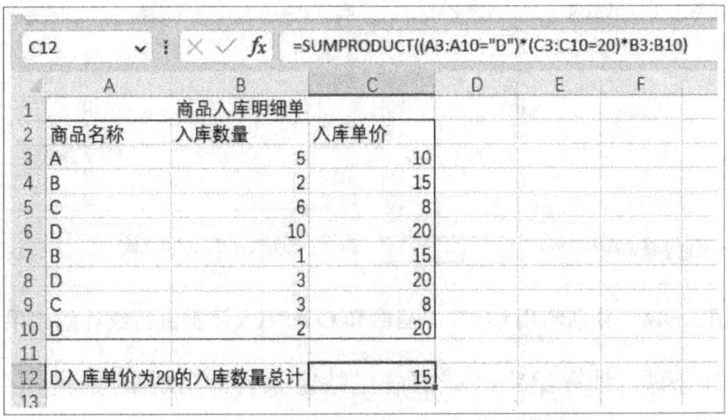
C12　=SUMPRODUCT((A3:A10="D")*(C3:C10=20)*B3:B10)

	A	B	C
1	商品入库明细单		
2	商品名称	入库数量	入库单价
3	A	5	10
4	B	2	15
5	C	6	8
6	D	10	20
7	B	1	15
8	D	3	20
9	C	3	8
10	D	2	20
11			
12	D入库单价为20的入库数量总计		15

图 3－15　利用 SUMPRODUCT 函数求和

📖 注意：条件区域用 * 号连接要求条件同时成立，用＋号连接任一条件成立即可，相当于用“AND”“OR”连接，但是 SUMPRODUCT 函数不允许使用“AND”和“OR”。

3. 求绝对值函数　求绝对值函数的语法规则为：ABS(参数)，函数中的参数既可以是正或负的数值，也可以是单元格引用，运行结果是该参数的绝对值。例如：ABS(－10)运行结果为 10；假设 A1 单元格数据为－5，则 ABS(A1)运行结果为 5。

4. 求平均值函数　AVERAGE()函数

AVERAGE 函数语法规则：AVERAGE(参数 1，参数 2，参数 3，…)，参数可以是数字或者包含数字的名称、数组或者引用，该函数返回各个参数的平均数。

5. 计数函数　COUNT 函数、COUNTA 函数、COUNTIF 函数

(1) COUNT 函数：COUNT 函数的作用在于返回包含数字以及包含参数列表中数字单元格的个数，利用该函数可以计算单元格区域或数字数组中数字项的个数。其语法规则为：COUNT(参数 1，参数 2，…) 或 COUNT(单元格 1：单元格 N)等，参数为 1～30 个各种类型的数据，但只有数字类型的数据才被计算。

(2) COUNTA 函数：COUNTA 函数的作用在于返回参数中非空值的个数，利用该函数可以计算数组或单元格区域数据项的个数。其语法规则为：COUNTA(参数 1，参数 2，…) 或 COUNTA(单元格 1：单元格 N)等，参数为 1～30 个各种类型的数据，但只有非空值才被计算。

如图 3－16 所示数据，分别用 COUNT 函数和 COUNTA 函数对 C 列进行统计，结果分别为 7 和 8，二者的差异在于 COUNT 函数仅统计数字项的个数，COUNTA 函数统计非空值的个数。

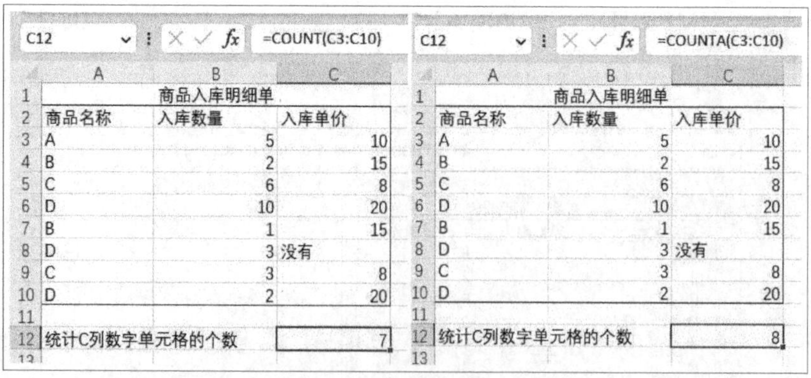

C12　=COUNT(C3:C10)

	A	B	C
1		商品入库明细单	
2	商品名称	入库数量	入库单价
3	A	5	10
4	B	2	15
5	C	6	8
6	D	10	20
7	B	1	15
8	D	3	没有
9	C	3	8
10	D	2	20
11			
12	统计C列数字单元格的个数		7

C12　=COUNTA(C3:C10)

	A	B	C
1		商品入库明细单	
2	商品名称	入库数量	入库单价
3	A	5	10
4	B	2	15
5	C	6	8
6	D	10	20
7	B	1	15
8	D	3	没有
9	C	3	8
10	D	2	20
11			
12	统计C列数字单元格的个数		8

图 3－16　分别利用 COUNT 函数和 COUNTA 函数进行统计的结果

(3) COUNTIF 函数：计算给定区域内满足特定条件单元格的数目，它也可以进行模糊计数，使用方法与上述 SUMIF 用法基本一致。

该函数的语法规则为：COUNTIF(计算区域，条件)。

【例 3-8】 如图 3-17 所示的职工工资简表，根据要求计数。

	A	B	C	D	E
1	职工工资简表				
2	姓名	出生年月	所属部门	级别	基本工资
3	钟名	09/06/78	销售部	1	5000
4	李文	09/08/71	销售部	2	3500
5	吴龙	08/30/83	生产部	1	3000
6	陈华	06/30/82	财务部	1	3000
7	赵海	07/21/84	销售部	2	3500
8	王克维	03/08/84	生产部	3	1000
9	陈海宁	05/11/79	销售部	3	2000
10	王新平	03/14/80	生产部	2	2000
11	马雷	08/09/80	销售部	1	5000
12	方名堂	09/09/83	办公室	1	3000

图 3-17 职工工资简表

要求：在单元格 F1 中统计工资大于 3400 元的人数。

♞ 操作步骤

［1］选中 F1 单元格。

［2］输入公式"=COUNTIF(E3:E12,">3400")"。

［3］按【Enter】。

F1 返回结果为 3。

【例 3-9】 按照上述职工工资表，根据数据在 F1 单元格中统计姓王职工的人数。

♞ 操作步骤

［1］选中 F1 单元格。

［2］输入公式"=COUNTIF(A3:A12,"王*")"。

［3］按【Enter】。

F1 返回结果为 2。

6. 最大值最小值函数 MAX 函数、MIN 函数、LARGE 函数、SMALL 函数

（1）MAX 函数：返回参数中最大值的函数，语法规则为：MAX(数值 1,数值 2……)或 MAX(单元格 1:单元格 N)。例如 MAX(10,-12,8)返回值为 10。

（2）MIN 函数：返回参数中最大值的函数，语法规则为：MIN(数值 1,数值 2……)或 MIN(单元格 1:单元格 N)。例如 MIN(10,-12,8)返回值为-12。

📖 注意：如果参数全部为文本或逻辑型等非数值型数据，返回值是 0,如果其中有数值型数据，仅对数值型数据进行比较。

（3）LARGE 函数和 SMALL 函数：返回数组或单元格区域第 N 个最大值和第 N 个最小值。例如：已知各销售公司销售量如图 3-18 所示，要求自动找出销售量前两名和后两名的销售额。则设置公式为：

前两名:"=LARGE(B2:B11,1)"、"=LARGE(B2:B11,2)"

后两名:"=SMALL(B2:B11,1)"、"=SMALL(B2:B11,2)"

	A	B	C	D
1	销售公司	销售额	前两名销售额	
2	青岛分公司	56	56	=LARGE(B2:B11,1)
3	济南分公司	51	51	=LARGE(B2:B11,2)
4	潍坊分公司	20		
5	淄博分公司	28	后两名金额	
6	聊城分公司	15	12	=SMALL(B2:B11,1)
7	济宁分公司	12	15	=SMALL(B2:B11,2)
8	东营分公司	32		
9	烟台分公司	45		
10	威海分公司	33		
11	日照分公司	21		
12		单位:万元		

图 3-18　LARGE 函数与 SMALL 函数的用法

> 注意:LARGE 函数与 SMALL 函数在使用时与 MAX 函数和 MIN 函数的区别在于需要指定第几个最大值或者最小值。

7. 四舍五入函数:ROUND 函数　该函数对数值指定位数四舍五入,返回按照指定位数四舍五入形成的结果。

语法规则:ROUND(数值,指定位数)。

示例:

- ROUND(12.646,2),返回结果 12.65。
- ROUND(12.646,0),返回结果 13。
- ROUND(12.646,-1),返回结果 10。

8. 求余数函数:MOD 函数　该函数返回两数相除的余数,结果的正负号与除数相同。

语法规则:MOD(被除数,除数)。

示例:

- MOD(10,5),返回 0。
- MOD(3,2),返回 1。
- MOD(3,-2),返回-1。
- MOD(-3,2),返回 1。
- MOD(-3,-2),返回-1。

> 注意:MOD 函数进行运算时,涉及两个异号整数相除时,先全部视为正数,其余值=除数×(整商+1)-被除数,然后余值的符号与除数相同。本教材使用该函数要求掌握两个正整数相除后的余数即可。

3.3.2 逻辑函数

逻辑函数主要用来判断、检查条件是否成立,通过逻辑函数可以进行多重条件的检查。主要的逻辑函数有:IF 函数、AND 函数、OR 函数等。

1. IF 函数 IF 函数是工作中最常用的逻辑函数,可以根据设置的条件进行运算或返回值。语法规则为:IF(逻辑表达式,返回值1,返回值2)。

说明:

- 逻辑表达式:进行条件判断的表达式,返回 TRUE 或者 FALSE。
- 返回值1:当逻辑表达式为 TRUE 时返回的值。
- 返回值2:当逻辑表达式为 FALSE 时返回的值。

【例 3-10】 单条件判断示例,如图 3-19 所示管理费用支出分析表中,如果实际发生金额大于计划发生金额,则要求在 D 列显示"超支",否则显示"节约"。

 操作步骤

[1] 选中 D3 单元格。

[2] 输入公式为"=IF(B3>C3,"超支","节约")"。

[3] 拖动该公式快速复制到 D4:D9 单元格。

图 3-19 利用 IF 进行单条件判断

> 注意:上述例子中返回的是文本值(如"超支"或"节约"),IF 函数也可以返回一个计算公式(如符合条件返回"B3*100"或者"B3*D3"等)或是一个单元格区域(如符合条件则返回"B3:B9")等。

【例 3-11】 多条件判断示例:如上图 3-19 所示管理费用支出分析表中,折旧费实际发生金额和计划发生金额是相等的,由于上述判断中只要实际金额不大于计划金额都列为"节约",因此 D6 显示"节约"。现在约定:如果实际金额大于计划金额为"超支";实际金额等于计划金额为"正常";实际金额小于计划金额为"节约"。

操作步骤

[1] 选中 D3 单元格。

[2] 输入公式为"=IF(B3>C3,"超支",IF(B3=C3,"正常","节约"))"。

[3] 拖动该公式快速复制到 D4:D9 单元格。

结果如图 3-20 所示。

D3 =IF(B3>C3,"超支",IF(B3=C3,"正常","节约"))

	A	B	C	D
1	管理费用支出分析表			
2	项目	本期实际发生额	本期计划发生额	超支或节约
3	办公费	2000	2500	节约
4	差旅费	5000	4000	超支
5	业务招待费	12000	6000	超支
6	折旧费	3000	3000	正常
7	工资	8000	10000	节约
8	其他	1000	800	超支
9	合计	31000	26300	超支

图 3-20　IF 函数多条件嵌套应用

2. AND 函数

AND 函数语法规则:AND(逻辑判断值 1,逻辑判断值 2……)。其中当所有逻辑判断值都为 TRUE 时,返回结果是 TRUE;当函数中有一个逻辑判断值为 FALSE 时,返回结果为 FALSE,一般可与 IF 函数联合使用。

【例 3-12】　如图 3-21 所示,A 商品完成月销售额超过 50 万元则"完成计划",否则"未完成计划"。

操作步骤

[1] 选中 D3 单元格。

[2] 输入公式"=IF(AND(B3="A 商品",C3>500000),"完成计划","未完成计划")"。

[3] 按【Enter】。

结果如图 3-21 所示。

D3 =IF(AND(B3="A商品",C3>500000),"完成计划","未完成计划")

	A	B	C	D	E	F
1	商品收入分析表					
2	月份	项目	月销售额	完成情况		
3	1月	A商品	600000	完成计划		
4	2月	A商品	400000	未完成计划		
5	3月	A商品	550000	完成计划		
6	4月	A商品	350000	未完成计划		
7	5月	A商品	680000	完成计划		
8	6月	A商品	480000	未完成计划		

图 3-21　AND 函数示例

3. OR 函数

OR 函数语法规则:OR(逻辑判断值 1,逻辑判断值 2……)。其中有任何一个逻辑判断值为 TRUE 时,返回结果是 TRUE;当函数中所有逻辑判断值都为 FALSE 时,返回结果为

FALSE，一般可与 IF 函数联合使用。

3.3.3　查找与引用函数

查找和引用函数可以确定单元格内容、范围或者选择的范围。主要的查找与引用函数有 VLOOKUP 函数、INDIRECT 函数、ROW 函数、COLUMN 函数、MACTH 函数和 INDEX 函数等。

1. VLOOKUP 函数　VLOOKUP 函数是最常用的查找和引用函数，其功能为：在表格或者数值数组的首列查找指定的数值，并由此返回表格或者数组当前行中指定列的数值。

📖 语法规则：VLOOKUP(在搜索区域首列搜索的目标值，搜索区域，满足条件单元格的列号，精确还是大致匹配)。

说明：

- 目标值：要查找的内容。
- 搜索区域：查找目标指定的数据区域，查找目标必须在查找区域的第一列。
- 满足条件单元格列号：搜索区域中与目标值符合的列序号，即搜索区域的第几列。
- 精确匹配还是大致匹配(TRUE 或者 FALSE)：FALSE 为精确查找，可以用 0 代替；TRUE 为模糊查找即大致匹配，可以用 1 代替，默认状态下为 TRUE。模糊查找即可以找到数据一致的单元格，也可以用于查找搜索区域数额最接近的小于查找值的单元格。

【例 3-13】 单个区域查找：在工资简表中自动添加工资级别为 1、2、3 的基本工资，另给定工资级别信息表如图 3-22 所示。

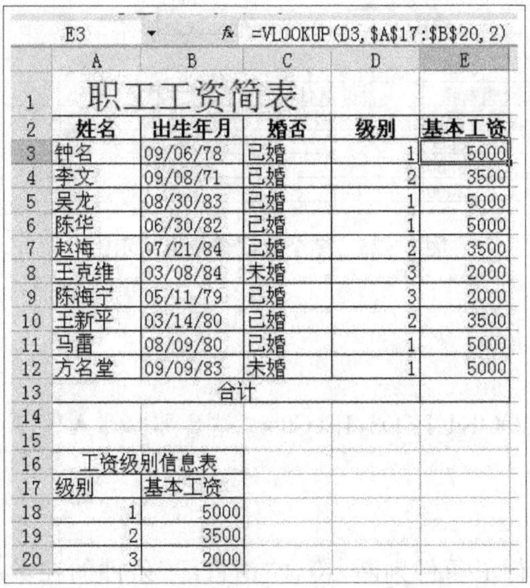
E3　=VLOOKUP(D3, $A$17:$B$20, 2)

	A	B	C	D	E
1	职工工资简表				
2	姓名	出生年月	婚否	级别	基本工资
3	钟名	09/06/78	已婚	1	5000
4	李文	09/08/71	已婚	2	3500
5	吴龙	08/30/83	已婚	1	5000
6	陈华	06/30/82	已婚	1	5000
7	赵海	07/21/84	已婚	2	3500
8	王克维	03/08/84	未婚	3	2000
9	陈海宁	05/11/79	已婚	3	2000
10	王新平	03/14/80	已婚	2	3500
11	马雷	08/09/80	已婚	1	5000
12	方名堂	09/09/83	未婚	1	5000
13	合计				
14					
15					
16	工资级别信息表				
17	级别	基本工资			
18	1	5000			
19	2	3500			
20	3	2000			

图 3-22　VLOOKUP 函数单个区域查找引用

> **操作步骤**

[1] 选中单元格 E3。

[2] 输入公式"＝VLOOKUP(D3,＄A＄17：＄B＄20,2,0)"。

[3] 按【Enter】。

> 说明：D3 为需要查找的级别；A17：B20 区域为搜索区域，使用了绝对引用"＄A＄17：＄B＄20"目的是在复制公式时保证该区域不变；2 表示取搜索区域的第二列数据；最后一个参数为 0，表示精确查找。

【例 3-14】 多个区域查找，即符合条件的在一个区域查找，符合其他条件的在另一个区域查找。如图 3-23 所示，要求根据员工所属部门和工资级别，在各个部门的工资级别信息表中查到基本工资，引用到工资简表中。

图 3-23 多个区域查找引用示例

> **操作步骤**

[1] 选中单元格 E3。

[2] 输入公式"＝VLOOKUP(D3,IF(C3="销售部",＄A＄17：＄B＄20,＄D＄17：＄E＄20),2,0)"。

[3] 按【Enter】。

其中利用 IF 函数进行了条件判断，符合"销售部"条件的在＄A＄17：＄B＄20 区域查找，不是销售部门的则在＄D＄17：＄E＄20 区域查找。

> 提示：与 VLOOKUP 函数相近功能的还有 LOOKUP 函数，该函数对只包含一行或一列的区域进行查找，返回区域也是只包含一行或者一列的区域对应值。

2. INDIRECT 函数　该函数可以把随意组合或者插入变量的字符串转换成可以使用的引用。语法规则为：INDIRECT(文本字符串，引用类型)。

说明：

- 文本字符串：对单元格的引用或者字符串，如 A1、A2 或者"A"&1。
- 引用类型：如果是 TRUE，默认单元格表示方式；如果为 FALSE，则为 R1C1一样式的引用；省略则默认为 TRUE。如图 3-24 所示，A1 单元格数据为"B1"，B1 单元格数据为 1000。C1 单元格输入公式"=INDIRECT(A1)"，返回结果是 B1 单元格中的数值 1000。

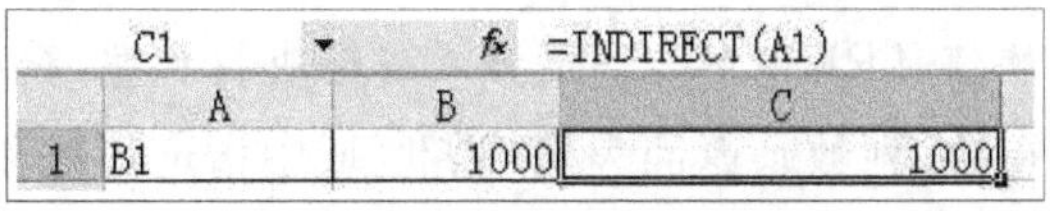

图 3-24　INDIRECT 函数引用

当利用 INDIRECT 函数对其他工作表中的单元格数据进行引用时，书写方式为：
"=INDIRECT("工作表名！单元格或单元格区域")"，需要注意的是括号内的引用必须加英文状态下的双引号。比如：SHEET1 工作表中 A2、A3、A4 单元格的字符为"管理人员、销售人员和生产人员"，我们希望 SHEET2 表中的 B2 单元格数据有效性能对三类人员进行引用，则打开"数据—有效性"下，在设置中选择"允许—序列"，在来源中填入"=INDIRECT("SHEET1！A2:A4")"。

3. ROW 函数和 COLUMN 函数　ROW 函数和 COLUMN 函数是返回引用的行号和列号。语法规则为：

ROW(引用单元格或区域)；

COLUMN(引用单元格或区域)。

说明：

- 如果引用的是一个单元格，返回该单元格的行号或者列号。
- 如果引用的是一个单元格区域，返回该区域左上角单元格行号或者列号。
- 如果引用的单元格或者区域省略，返回为当前的行号或列号。
- ROW(B3)，返回 3。
- ROW(C2:E8)，返回 2。
- COLUMN(B3)，返回 2。
- COLUMN (C2:E8)，返回 3。

4. MATCH 函数和 INDEX 函数　MATCH 函数和 INDEX 函数是查询和引用函数，MATCH 函数返回指定方式下与指定数值匹配的数组中元素的相应位置；INDEX 函数返回

表格、区域中的数值或数值的引用。语法规则为：

(1) MATCH(查找值,查找区域,查找类型)。返回指定方式下与指定数值匹配的数组中元素的相应位置。

说明：

- 查找值：需要在指定区域查找的数值，可以为数值（数字、文本或逻辑值）或对数字、文本或逻辑值的单元格引用。
- 查找区域：可能包含所要查找的数值的连续单元格区域。
- 查找类型：分为三种类型：1、0、1，指明 Excel 如何在查找区域中查找所需数值。如果为 1，查找小于或者等于查找值的最大数值，查找区域需要按升序排列，如：数字—1、0、1、2……，字符 A—Z，逻辑值 FALSE、TRUE；如果为 0，查找等于查找值的第一个数值；如果为 —1，查找大于或者等于查找值的最小数值，查找区域需要按降序排列，如数字 2、1、0、—1……，字符 Z—A，逻辑值 TRUE、FALSE；如果省略查找类型，默认为 1。

(2) INDEX(区域,行数,列数)，返回表格或者区域中指定行数和列数中的数值。

说明：

- 区域：单元格区域或者数组常数。
- 行数：相对于上述区域的行数。
- 列数：相对于上述区域的列数。

【例 3 - 15】 如图 3 - 25 所示工资简表中，根据员工姓名和月份查询符合条件的工资额。

图 3 - 25 MATCH 函数和 INDEX 函数引用

操作步骤

［1］选中单元格 C14。

［2］输入公式：

"=INDEX($A$1:$D$10,MATCH(A14,$A$1:$A$10,0),MATCH(B14,

＄A＄1:＄D＄1,0))"其中:MATCH(A14,＄A＄1:＄A＄10,0)返回行数5,MATCH(B14,＄A＄1:＄D＄1,0)返回列数2,最后在＄A＄1:＄D＄10区域返回第5行第2列的数值5600。

［3］按【Enter】,可采用快速复制方法向下复制公式。

3.3.4 文本与时间函数

文本函数常用于对字符串进行查找、更改和截取;日期与时间函数可以分析和处理日期值和时间值。

1. 文本函数 文本函数常用于对字符串进行查找、更改和截取,常见的文本函数主要有LEFT函数、RIGHT函数、MID函数、LEN函数、FIND函数、SEARCH函数、TEXT函数等。

语法规则:

LEFT(字符串或引用的单元格,N),取左边的N个字符。

RIGHT(字符串或引用的单元格,N),取右边的N个字符。

MID(字符串或引用的单元格,开始截取位置,长度),返回指定位置指定位数的字符。

LEN(字符串或引用的单元格),返回字符串中的字符数。

FIND(查找的字符,字符串或引用的单元格,开始查找位数),返回查找字符的位数。

SEARCH(查找的字符,字符串或引用的单元格,开始查找位数),返回查找字符的位数。需要说明的是,FIND函数和SEARCH函数的区别是SEARCH函数不区分大小写并且可以使用通配符,FIND函数则不能。

TEXT(数值,指定的数值格式),其中:数值为数值、计算结果为数值的公式或者包含数值的单元格的引用,指定的数值格式是指定要把数值输出的格式,该参数中不能包含星号＊。

示例:

- LEFT("ACCOUNTING",3),返回ACC。
- RIGHT("ACCOUNTING",3),返回ING。
- MID("ACCOUNTING",2,3),返回CCO。
- LEN("ACCOUNTING"),返回10。
- FIND("T","ACCOUNTING",3),返回5。
- SEARCH("t","ACCOUNTING",3),返回5。
- TEXT(3500,"＄0.00"),返回＄3500.00;TEXT(1,"000"),返回001。

2. 日期时间函数 TODAY函数、NOW函数、YEAR函数、MONTH函数、DAY函数、DATEDIF函数等。

(1) TODAY函数和NOW函数,返回当前日期和时间。

语法规则:

TODAY(),没有参数,返回当前日期。

NOW(),没有参数,返回当前时间。
- 如当前系统日期为 2010-10-8,输入"=TODAY()",返回 2010-10-08。
- 如当前系统时间为 9:45,输入"=NOW()",返回 2010-10-08 9:45。

(2) YEAR 函数、MONTH 函数和 DAY 函数,返回具体日期的年、月、日。

语法规则:

YEAR(日期或日期单元格引用),返回具体日期的年份。

MONTH(日期或日期单元格引用),返回具体日期的月份。

DAY(日期或日期单元格引用),返回具体日期的天数。

- YEAR("2010-10-08")返回 2010,如果 A1 单元格为 2010-10-08,则 YEAR(A1)返回 2010。注意直接输入日期时要使用引号""。
- MONTH("2010-10-08")返回 10,如果 A1 单元格为 2010-10-08,则 MONTH(A1)返回 10。注意直接输入日期时要使用引号""。
- DAY("2010-10-08")返回 8,如果 A1 单元格为 2010-10-08,则 YEAR(A1)返回 8。注意直接输入日期时要使用引号""。

(3) DATE 函数,按照指定的数值返回具体日期。

语法规则:

DATE(年的数值,月的数值,日的数值),返回具体日期。

- DATE(2010,10,08)返回 2010-10-8。
- 如 A1 单元格为 2010,B1 单元格为 10,DATE(A1,B1,8)返回 2010-10-8。

(4) DATEDIF 函数,计算两个日期之间的天数、月数、年数。

语法规则:

DATEDIF(开始日期,结束日期,参数)。

函数中的"参数"有以下几种:

"Y":计算结果是两个日期间隔的年数。

"M":计算结果是两个日期间隔的月份数。

"D":计算结果是两个日期间隔的天数。

"MD":计算结果是两个日期间隔的天数,忽略日期的年数和月份之差。

"YM":计算结果是两个日期间隔的月份数,忽略相差的年数。

"YD":计算结果是两个日期间隔的天数,忽略日期相差的年数。

示例:如果 A1 单元格为 2009-1-1,B1 单元格为 2010-2-1,则:

- DATEDIF(A1,B1,"Y"),结果为 1。
- DATEDIF(A1,B1,"M"),结果为 13。
- DATEDIF(A1,B1,"D"),结果为 396。
- DATEDIF(A1,B1,"MD"),结果为 0。
- DATEDIF(A1,B1,"YM"),结果为 1。

- DATEDIF(A1,B1,"YD")，结果为 31。

3.3.5 财务函数

财务函数主要用于会计计算及财务管理等方面，本章主要介绍财务管理函数，主要包括 FV 函数、PV 函数、PMT 函数、NPV 函数等。

1. FV 函数　计算年金(复利)终值函数。

语法规则：

FV(利率,总投资期,各期年金,现值(本金),0 或 1)，返回指定本金的复利终值和年金终值。

说明：

- 利率：各期的利率、贴现率或者投资者期望的最低投资报酬率。
- 总投资期：付款的总期数或者项目投资的使用年限。
- 各期年金：各期支付的固定金额。
- 现值(本金)：期初一次性收到或者偿还的金额，若不填则视为 0。
- 0 或 1：0 表示每期期末收款或付款，1 表示每期期初收款或者付款，不输入默认为 0。一般该参数对于年金终值起作用。

示例：将 100 000 元存入银行，利率 5%，复利计息，求 3 年后的本利和。

- 输入公式为："=FV(5%,3,,-100000)"，返回结果：115762.50。

注意：本金支出要填入负数；没有年金不填写，但是逗号不能漏掉；复利终值最后的参数 0 或 1 不影响最终结果。

示例：每月月初将 1000 元存入银行，利率 5%，求 10 年后的本利和。
输入公式为："=FV(5%,10,-1000,,1)"，返回结果：13206.79。

注意：年金支出要填入负数；没有本金不填写，但是如果逗号后面是 0，可以全部省略，如果是 1，则逗号不能省略；由于是月初支出，年金终值最后的参数为 1。

2. PV 函数　计算年金(复利)现值函数。

语法规则：

PV(利率,总投资期,各期年金,终值,0 或 1)，计算复利现值或者年金现值。

说明：

- 利率：各期的利率、贴现率或者投资者期望的最低投资报酬率。
- 总投资期：付款的总期数或者项目投资的使用年限。
- 各期年金：各期支付的固定金额。
- 终值：一次性收到或者偿还的金额，若不填则视为 0。
- 0 或 1：0 表示每期期末收款或付款，1 表示每期期初收款或者付款，不输入默认为 0。

一般该参数对于年金现值起作用。

示例：某公司投资项目，预期5年后一次性收到100 000元，项目的投资报酬率为10%，现在应投入多少金额？

- 输入公式"=PV(10%,5,,100000)"，返回结果：−62092.13。

📖 注意：终值为收入要填入正数；没有年金不填写，但是逗号不能漏掉；复利现值最后的参数0或1不影响最终结果。

示例：某企业融资租入一台机器，每年年末支付100000元租赁款，资金报酬率10%，租赁期8年，求该租入资产的现值是多少？

- 输入公式"=PV(10%,8,−100000,,0)"，返回结果：533492.62。

📖 注意：年金支出要填入负数；没有终值不填写，但是如果逗号后面是0，可以全部省略，如果是1，则不能省略；由于是年末支出，年金现值最后的参数为0或者不输入。本例题中公式也可以写成"=PV(10%,8,−100000)"。

3. PMT函数 计算年金函数。

语法规则：

PMT(利率,总投资期,本金,终值,0或1)，计算已知未来终值或者当前本金的情况下，未来一段期间年金的支付或收到的金额。

说明：

- 利率：各期的利率、贴现率或者投资者期望的最低投资报酬率。
- 总投资期：付款的总期数或者项目投资的使用年限。
- 本金：期初一次性收到或者偿还的金额，若不填则视为0。
- 终值：一次性收到或者偿还的金额，若不填则视为0。
- 0或1：0表示每期期末收款或付款，1表示每期期初收款或者付款，不输入默认为0。

一般该参数对于年金现值起作用。

示例：某公司计划5年后购买一台价值300 000元的设备，资金成本率为10%，求每年末需要等额存储多少钱5年后才能得到300 000元？

- 输入公式"=PMT(10%,5,,−300000)"，返回结果：49139.24。

4. NPV函数 计算投资项目的净现值。

语法规则：

NPV(利率,现金净流量1,现金净流量2,现金净流量3,…)。

说明：

利率：各期的利率、贴现率或者投资者期望的最低投资报酬率。

现金净流量1：第一期(年)现金净流量。

现金净流量 2：第二期（年）现金净流量。
现金净流量 3：第三期（年）现金净流量。
……

示例：投资某项目初始投入 600 000 元，项目寿命期为 5 年，资金成本率为 10%，投产后每年可获得现金净流入 200 000 元，评价该项目是否可行。

- 输入公式"=NPV(10%,200000,200000,200000,200000,200000)－600000"，返回结果：158157.35，大于 0，该项目可行。

3.4 本章小结

本章主要讲解 Excel 的公式和函数功能，Excel 提供了强大的公式设置和函数使用功能，能够解决实务工作中所需的自动计算、显示、汇总、查询、计数等功能。

公式设置部分讲解了创建公式、公式引用和数组公式、三维引用的相关知识点和重要内容，用户通过学习应当掌握简单的公式创建、快速复制公式、数组公式的设置及工作表之间、工作簿之间公式的引用功能。

函数部分主要分为数学与三角函数、文本函数、逻辑函数、数据库函数、统计函数、查找和引用函数、日期和时间函数、财务函数等，Excel 函数在会计和财务工作中经常使用。通过数学与三角函数的学习，用户应当掌握求和函数、条件求和函数、计数函数、条件计数函数、平均值函数、最大最小值函数、四舍五入函数、绝对值函数等；通过逻辑函数的学习，用户应当掌握条件函数、AND 函数和 OR 函数的使用；通过查找和引用函数的学习，用户应当掌握 VLOOKUP 函数、INDIRECT 函数、ROW 函数、COLUMN 函数、MACTH 函数和 INDEX 函数等；通过文本与时间函数的学习，用户需要掌握 LEFT 函数、RIGHT 函数、MID 函数、LEN 函数、FIND 函数、SEARCH 函数、TEXT 函数、TODAY 函数、NOW 函数、YEAR 函数、MONTH 函数、DAY 函数、DATEDIF 函数等；通过财务函数的学习，用户掌握 FV 函数、PV 函数、PMT 函数、NPV 函数等。

第 4 章
Excel 高级应用

Excel 为用户提供了强大数据筛选、排序和分类汇总及图表等功能,这些功能可以方便用户按照自己的意愿观察分析数据,其中图表功能能更直观地将工作表中的数据表现出来,使原本枯燥无味的数据信息变得生动形象起来。Excel 还可以绘制和插入图形、对图形进行编辑,增强工作表的视觉效果,使报表显得更加生动。

本章要点:
- 数据表的排序与筛选
- 分类汇总与分列功能
- 数据透视表与数据透视图
- 图形、艺术字与图表的应用

4.1 数据记录单

利用 Excel 录入数据记录时,既可以直接在单元格中录入,也可以利用给定的【记录单】功能逐条录入。

【例 4-1】 利用数据记录单录入商品订货列表,该列表内容见表 4-1。

表 4-1 商品订货列表

订购号码	交货厂商	品名	单价	数量	金额
101	A 公司	圆珠笔	3	100	300
102	B 公司	办公桌	1000	2	2000
103	B 公司	办公椅	350	2	700
104	C 公司	打印纸	15	50	750

操作步骤

[1] 选择单元格 A1,输入标题项目"订购号码、交货厂商、品名、单价、数量、金额",结果如图 4-1 所示。

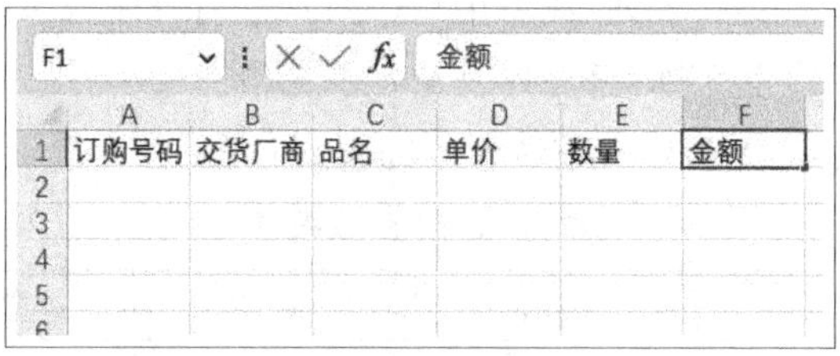

第 4 章　Excel 高级应用

图 4-1　输入标题行

[2] 在搜索栏中搜索记录单功能,如图 4-2 所示。

图 4-2　记录单

[3] 按照例子资料输入一条,单击"新建"继续输入下一条直至结束,结果如图 4-3 所示。

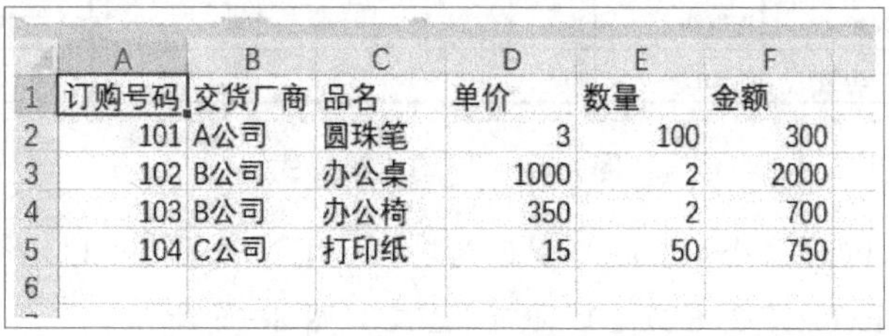

图 4-3　记录单录入结果

4.2　数据排序与筛选

数据的排序和筛选是 Excel 提供的重要数据处理功能,在财务日常工作中应用广泛。用户既可以按照单一字段进行排序,也可以按照多个字段进行排序;既可以按照单个条件进行筛选,也可以按照多个条件进行筛选。

4.2.1　数据排序

数据的排序是把一列或多列无序的数据变成有序的数据,这样能更方便地管理数据,在进行数据排序时可以按照单列(多列)或者单行(多行)进行升序或者降序排列。排序时,Excel 将利用指定的排序顺序重新排列行、列以及各单元格。

【例 4-2】 按照表 4-2 制作一张学生成绩表。

表 4-2 学生成绩表

学号	姓名	英语	Excel 应用	数学	平均成绩
202020301	张恒	85	80	87	
202020302	赵越	76	67	74	
202020303	秦和	85	92	79	
202020304	王书明	90	88	90	
202020305	李向红	85	50	68	

要求:设置平均成绩计算公式,计算出平均成绩;按照英语成绩降序排列;在英语成绩相等的情况下按照平均成绩降序排列。

操作步骤

[1] 制作上述数据表,设置“平均成绩”公式。选中 F2 单元格,输入公式“=(C2+D2+E2)/3”或者“=AVERAGE(C2,D2,E2)”,向下拖动快速复制公式,结果如图 4-4 所示。

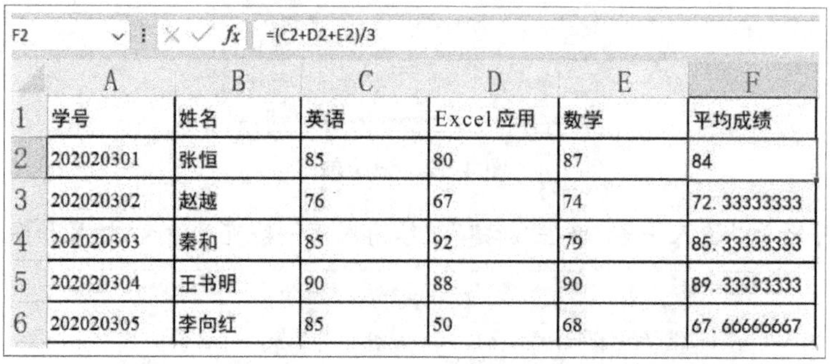
F2 =(C2+D2+E2)/3

	A	B	C	D	E	F
1	学号	姓名	英语	Excel 应用	数学	平均成绩
2	202020301	张恒	85	80	87	84
3	202020302	赵越	76	67	74	72. 33333333
4	202020303	秦和	85	92	79	85. 33333333
5	202020304	王书明	90	88	90	89. 33333333
6	202020305	李向红	85	50	68	67. 66666667

图 4-4 平均成绩公式

[2] 如果需要保留两位小数,公式修正为“=ROUND((C2+D2+E2)/3,2)”或者“=ROUND(AVERAGE(C2,D2,E2),2)”即可,结果如图 4-5 所示。

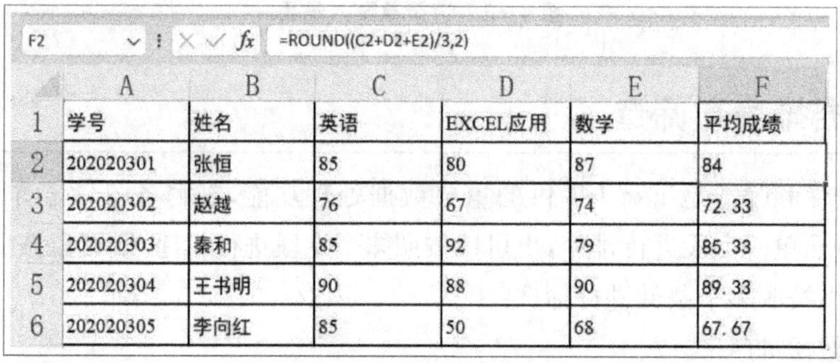
F2 =ROUND((C2+D2+E2)/3,2)

	A	B	C	D	E	F
1	学号	姓名	英语	EXCEL应用	数学	平均成绩
2	202020301	张恒	85	80	87	84
3	202020302	赵越	76	67	74	72. 33
4	202020303	秦和	85	92	79	85. 33
5	202020304	王书明	90	88	90	89. 33
6	202020305	李向红	85	50	68	67. 67

图 4-5 保留两位小数

[3] 按照英语成绩降序排列，选中工作表数据区域，点击【数据】菜单下【排序】项，如图 4-6 所示。

图 4-6　按照英语成绩降序排列

[4] 选择"英语"，右侧排序选择"降序"，点击"确定"，完成排序工作，结果如图 4-7 所示。

A	B	C	D	E	F
学号	姓名	英语	EXCEL应用	数学	平均成绩
202020304	王书明	90	88	90	89.33
202020301	张恒	85	80	87	84
202020303	秦和	85	92	79	85.33
202020305	李向红	85	50	68	67.67
202020302	赵越	76	67	74	72.33

图 4-7　按英语成绩降序排序结果

[5] 如果英语成绩相同，按照平均成绩降序排列，需要设置次要关键字，设置方式如图 4-8 所示。

图 4-8　次要关键字"平均成绩"降序排列

[6] 点击"确定"，结果如图 4-9 所示。

学号	姓名	英语	Excel应用	数学	平均成绩
202020304	王书明	90	88	90	89.33
202020303	秦和	85	92	79	85.33
202020301	张恒	85	80	87	84
202020305	李向红	85	50	68	67.67
202020302	赵越	76	67	74	72.33

图 4-9　多字段排序结果

上述是按照列的字段项目进行排序,如"英语、平均成绩"等,用户还可以按照行进行排序,按照行进行排序,需要在"选项"中进行"按行排序"设置,如图4-10、图4-11所示。

图4-10 选项参数　　　　　　　　　图4-11 按行排序设置

用户还可以利用排序功能实现隔行插入空行,如上例数据,在第一列学号前面增加一列"顺序号",并输入顺序号,如图4-12所示:

图4-12 插入顺序号列

注意第七行开始输入"1.1、2.1"等数字,可以填入两个顺序号之间的任何数字,目的是为了升序排列实现中间隔行。选择【数据】菜单下【排序】项,按照顺序号"升序"排列,结果如图4-13、图4-14所示。

图4-13 按照顺序号升序排列

第 4 章 Excel 高级应用

顺序号	学号	姓名	英语	EXCEL应用	数学	平均成绩
1	202020304	王书明	90	88	90	89.33
1.1						
2	202020303	秦和	85	92	79	85.33
2.1						
3	202020301	张恒	85	80	87	84
3.1						
4	202020305	李向红	85	50	68	67.67
4.1						
5	202020302	赵越	76	67	74	72.33

图 4-14 排列结果

4.2.2 数据筛选

数据筛选就是从数据清单中查找和分析具备特定条件记录数据子集的快捷方法，经过筛选的数据清单中只显示满足条件的行，该条件由用户针对某列指定。与排序不同，筛选并不重排工作表，筛选只是暂时隐藏不必显示的行。

1. 自动筛选功能　查找和处理数据表中子集的一种快捷方法，设置简单，易于操作，日常工作中经常用到。

【例 4-3】　将上例中的学生成绩表设置自动筛选，并查找秦和同学的成绩单。

操作步骤

[1] 选择【数据】菜单下【筛选】项的"自动筛选"功能，结果如图 4-15 所示：

图 4-15 自动筛选

[2] 点击 C1 单元格下拉列表，选择"秦和"，结果如图 4-16 所示：

顺序号	学号	姓名	英语	Excel 应用	数学	平均成绩
2	202020303	秦和	85	92	79	85.33

图 4-16 自动筛选姓名为秦和的成绩

【例 4-4】 按照上例查找平均成绩大于 80 小于 95 的学生名单。

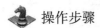操作步骤

[1] 选择【数据】菜单下【筛选】项的"自动筛选"功能,选择平均成绩下拉列表的"自定义",如图 4-17 所示。

图 4-17 自定义筛选条件

[2] 点击"自定义",选择并输入大于 80 与小于 95 的条件,如图 4-18 所示。

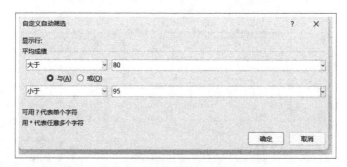

图 4-18 筛选条件设定

[3] 点击"确定",结果如图 4-19 所示。

顺序号	学号	姓名	英语	EXCEL应用	数学	平均成绩
1	202020304	王书明	90	88	90	89.33
2	202020303	秦和	85	92	79	85.33
3	202020301	张恒	85	80	87	84

图 4-19 自定义筛选条件查询结果

2. 高级筛选 比自动筛选具有更多灵活性功能,可以把筛选结果复制到其他位置,也

可以按照需要设置更多条件来筛选，并且可以筛选不重复的记录。

【例 4－5】　制作下面（表 4－3）的工资表，筛选部门为财务部、应发工资大于 4000 的记录。

表 4－3　工资表

姓名	所属部门	基本工资	奖金	津贴补贴	应发工资
张明	财务部	3500	500	200	4200
赵青	财务部	4000	600	200	4800
隋璐	办公室	3500	500	300	4300
董福运	财务部	2800	400	200	3400
刘鹤鸣	销售部	3000	1000	500	4500
刘尚	销售部	4500	2000	500	7000
李静	采购部	2000	1500	300	3800

操作步骤

[1] 按照上表，在 Excel 中绘制该工资表，如图 4－20 所示。

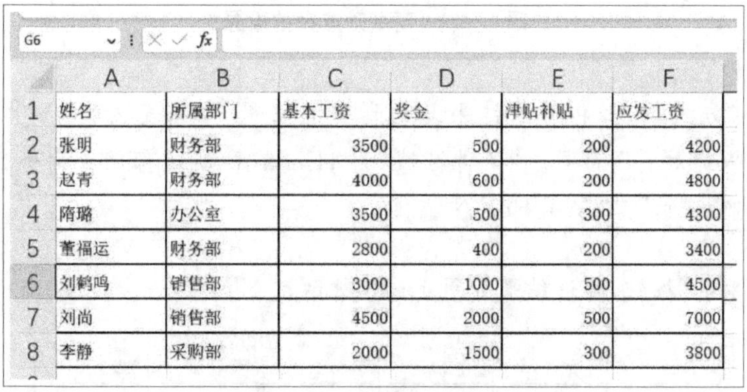

	A	B	C	D	E	F
1	姓名	所属部门	基本工资	奖金	津贴补贴	应发工资
2	张明	财务部	3500	500	200	4200
3	赵青	财务部	4000	600	200	4800
4	隋璐	办公室	3500	500	300	4300
5	董福运	财务部	2800	400	200	3400
6	刘鹤鸣	销售部	3000	1000	500	4500
7	刘尚	销售部	4500	2000	500	7000
8	李静	采购部	2000	1500	300	3800

图 4－20　高级筛选练习表

[2] 在工作表的任意空白区域设置条件区域，如图 4－21 所示。

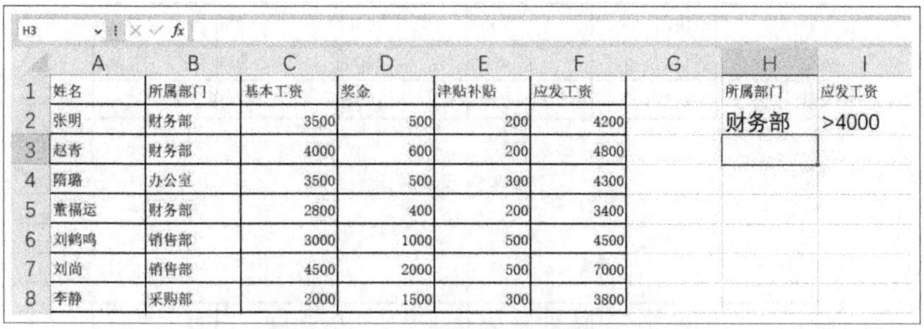

	A	B	C	D	E	F	G	H	I
1	姓名	所属部门	基本工资	奖金	津贴补贴	应发工资		所属部门	应发工资
2	张明	财务部	3500	500	200	4200		财务部	>4000
3	赵青	财务部	4000	600	200	4800			
4	隋璐	办公室	3500	500	300	4300			
5	董福运	财务部	2800	400	200	3400			
6	刘鹤鸣	销售部	3000	1000	500	4500			
7	刘尚	销售部	4500	2000	500	7000			
8	李静	采购部	2000	1500	300	3800			

图 4－21　设定筛选条件区域

📖 注意:条件区域设置规则为条件区域要有标题行,标题行和源数据区域相应标题要一致;处于同行不同列的条件之间是并列关系,如上图所示;处于同列不同行的条件是或者关系。

[3] 点击【数据】菜单下【筛选】项的"高级筛选",出现条件设定对话框,按照例题设定条件,如图4-22所示。

图4-22 高级筛选参数设置

📖 设置说明:"方式"选择将筛选结果复制到其他位置。"列表区域"为上述工资表区域A1:F8,加入绝对引用符号。"条件区域"为H1:I2,即所属部门为财务部,应发工资大于4000。"复制到"为"A14:F14"区域。

[4] 点击"确定"按钮,筛选结果如图4-23所示。

姓名	所属部门	基本工资	奖金	津贴补贴	应发工资
张明	财务部	3500	500	200	4200
赵青	财务部	4000	600	200	4800
隋璐	办公室	3500	500	300	4300
董福运	财务部	2800	400	200	3400
刘鹤鸣	销售部	3000	1000	500	4500
刘尚	销售部	4500	2000	500	7000
李静	采购部	2000	1500	300	3800

姓名	所属部门	基本工资	奖金	津贴补贴	应发工资
张明	财务部	3500	500	200	4200
赵青	财务部	4000	600	200	4800

图4-23 高级筛选结果

如果筛选后结果显示原区域的所有列的内容,按照上述操作;如果只显示姓名、所属部门和应发工资,则需要提前复制粘贴这些标题。

【例 4-6】 按照上例,查询结果只显示"姓名、所属部门和应发工资"。

> 操作步骤

[1] 复制粘贴"姓名、所属部门和应发工资"三个标题到 A18:C18,如图 4-24 所示。

姓名	所属部门	基本工资	奖金	津贴补贴	应发工资
张明	财务部	3500	500	200	4200
赵青	财务部	4000	600	200	4800
姓名	所属部门	应发工资			

图 4-24 复制粘贴部分标题

[2] 选择【数据】菜单下【筛选】项的"高级筛选",出现条件设定对话框,按照例题设定条件,其中"复制到"区域为 A18:C18,如图 4-25 所示。

图 4-25 高级筛选条件设定

[3] 点击"确定",结果如图 4-26 所示。

姓名	所属部门	应发工资
张明	财务部	4200
赵青	财务部	4800

图 4-26 部分标题进行高级筛选查询结果

【例 4-7】 按照上例数据,把"所属部门"不重复的记录筛选出来。

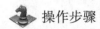

> 操作步骤

[1] 选择【数据】菜单下【筛选】项的"高级筛选",出现条件设定对话框,"方式"选择"复制到其他位置",列表区域为所属部门的列"B1:B8",条件区域不用设置,"复制到"区域为"K1",选中"选择不重复的记录",结果如图 4-27 所示。

图 4-27 选择不重复记录

[2] 点击"确定",结果如图 4-28 所示。

A	B	C	D	E	F	G	H	I	J	K
姓名	所属部门	基本工资	奖金	津贴补贴	应发工资		所属部门	应发工资		所属部门
张明	财务部	3500	500	200	4200		财务部	>4000		财务部
赵青	财务部	4000	600	200	4800					办公室
隋璐	办公室	3500	500	300	4300					销售部
董福运	财务部	2800	400	200	3400					采购部
刘鹤鸣	销售部	3000	1000	500	4500					
刘尚	销售部	4500	2000	500	7000					
李静	采购部	2000	1500	300	3800					

图 4-28 选择不重复记录的结果

4.3 分类汇总与分列

Excel 提供了分类汇总和分列的功能,分类汇总能够对分类字段按照指定的项目进行求和、求平均数、乘积等;分列是把单元格中文本按照一定规则划分到多列中,或者对导入的文本文件进行分列,还可以对某列数据进行类型转换。

4.3.1 分类汇总

日常工作中经常需要根据工作表中某列数据字段对数据进行分类汇总,分类汇总一般需要对分类字段先进行排序,然后进行汇总。

【例 4-8】 按照例 4-5 表 4-3 中的数据,对财务部的应发工资进行分类汇总。

操作步骤

[1] 首先选中所属部门列,按照所属部门进行升序(或者降序)排序,结果如图 4-29 所示。

图4-29 按所属部门排序

[2] 鼠标点击分类汇总区域,选择【数据】菜单下【分类汇总】项,如图4-30所示。

图4-30 按照部门分类汇总应发工资

[3] 按照上图选择分类字段为"所属部门",汇总方式为"求和",汇总项为"应发工资",点击"确定",结果如图4-31所示。

姓名	所属部门	基本工资	奖金	津贴补贴	应发工资
隋璐	办公室	3500	500	300	4300
	办公室 汇总				4300
张明	财务部	3500	500	200	4200
赵青	财务部	4000	600	200	4800
董福运	财务部	2800	400	200	3400
	财务部 汇总				12400
李静	采购部	2000	1500	300	3800
	采购部 汇总				3800
刘鹤鸣	销售部	3000	1000	500	4500
刘尚	销售部	4500	2000	500	7000
	销售部 汇总				11500
	总计				32000

图4-31 分类汇总结果

4.3.2 分列功能

分列功能在实务工作中非常实用,可以实现把某一列中的文本拆分为多列,如果从外部导入的文本文件数据集中在一列,也可以使用该功能进行拆分,同时可以对某列数据类型进行转换,为用户使用提供了方便。

1. 拆分整列为多列　即把某一列中的文本拆分到若干列中,便于编辑、查找及汇总等工作。

【例 4-9】 假如 A 列中数据如图 4-32 所示,把 A 列数据内容分隔成 4 列:日期、姓名、课程及成绩。

图 4-32　待拆分数据

操作步骤

[1] 选中 A 列,点击【数据】菜单下【分列】功能,如图 4-33 所示。

图 4-33　使用分列功能

[2] 点击"分列",出现分列向导,选择合适的原始数据文件类型,其中:"分隔符号"表明原始数据中包含某项分隔符号,系统可按照该符号进行分列,文本分列宽度不固定,根据分隔符号来进行;"固定宽度"则表示系统按照一个固定的文本宽度进行自动分列,用户可以修改该宽度。一般情况下系统能够自动判断原始数据适用于哪一项,如本例向导一自动识别"文本分列向导判定您的数据具有固定宽度",则选择固定宽度即可。结果如图 4-34 所示。

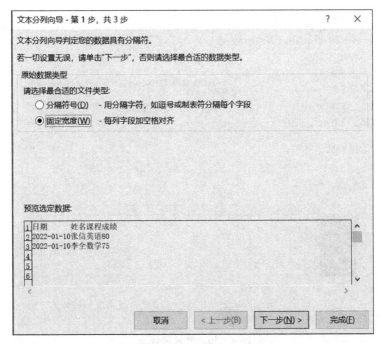

图 4-34 分列向导一

[3] 点击下一步进入向导二，设置各列间隔宽度，系统按照"固定宽度"自动进行设定，用户可以通过单击和双击分列线建立、删除和修改分列宽度，如图 4-35 所示。

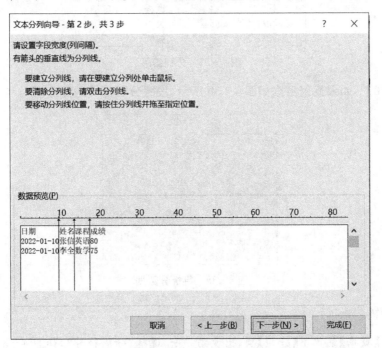

图 4-35 分列向导二

[4] 点击下一步进入向导三，设置每列的数据类型，默认为常规，如图 4-36 所示。

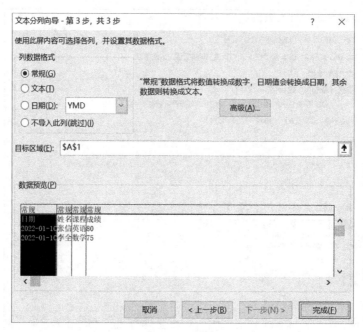

图4-36 分列向导三

[5]点击"完成"按钮,完成分列,结果如图4-37所示。

图4-37 分列结果

【例4-10】 如果某列数据如图4-38所示,按照分隔符号进行分列。

图4-38 待拆分数据

🐴 操作步骤

[1]点击【数据】菜单下【分列】项,出现向导一,选择"分隔符号",如图4-39所示。

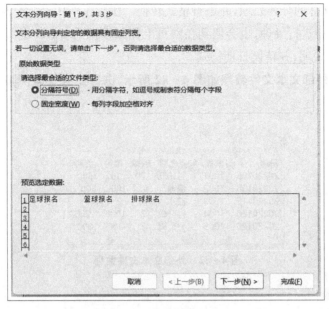

图 4-39 选择分隔符号分列

[2] 点击下一步进入第二步,选择"分隔符号"为"其他",在后面空格处填入顿号"、",如图 4-40 所示。

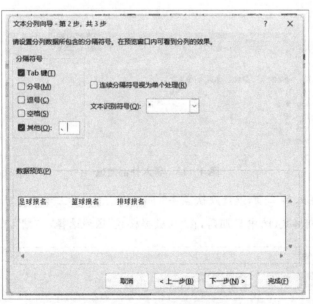

图 4-40 分隔符号设定

[3] 下一步设置每列数据类型,点击"完成",结果如图 4-41 所示。

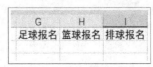

图 4-41 分隔符号分列结果

2. 导入文本文件的分列处理,并进行格式转换　实际工作中经常会遇到导入外部文本文件数据在 Excel 中进行处理,也会遇到在网页上复制数据到 Excel 进行处理,本节举例以文本文件导入进行说明,并转换日期格式。

【例 4-11】　外部文本文件数据如图 4-42 所示,进行分列处理,同时对日期列文本转换为日期格式。

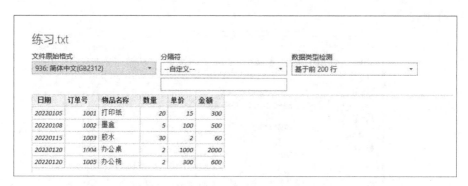

图 4-42　外部文本文件数据

 操作步骤

[1] 点击【数据】菜单下【导入外部数据】项的"导入数据"功能,在导入数据的对话框中选中要导入的文件,点击"打开",系统自动进入分列向导第一步,如图 4-43 所示。

图 4-43　导入外部数据

[2] 按照默认进入第二步,继续默认点击"下一步",进入第三步设置数据类型,需要把日期列的文本转换为日期格式,选中日期列,在"列数据格式"区域选择"日期",如图 4-44 所示。

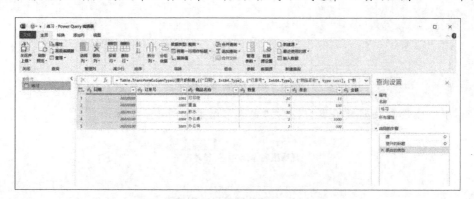

图 4-44　转换日期格式

［3］点击完成，系统要求指定导入数据存放的位置，单击"关闭并上载"按钮，完成分列和转换，结果如图4-45、图4-46所示。

图 4-45　导入位置

日期	订单号	物品名称	数量	单价	金额
20220105	1001	打印纸	20	15	300
20220108	1002	墨盒	5	100	500
20220115	1003	胶水	30	2	60
20220120	1004	办公桌	2	1000	2000
20220120	1005	办公椅	2	300	600

图 4-46　分列和转换结果

4.4　数据透视表与数据透视图

数据透视表是一种交互式的表，可以进行求和、计数、方差、偏差及乘积等计算，可根据需要更改计算的数据项目和计算类型，并能按照用户需要调整数据格式。数据透视图是提供交互式数据分析的图表，与数据透视表类似，可以更改数据的视图，查看不同级别的明细数据，或通过拖动字段和显示或隐藏字段中的项来重新组织图表的布局。

4.4.1　数据透视表

Excel 提供了建立数据透视表向导，用户可通过向导快速创建数据透视表。

【例 4-12】　假定职工工资简表如图4-47所示，要求在新的工作表中按照不同员工类别和部门汇总基本工资。

职工工资简表

姓名	出生年月	所属部门	级别	基本工资	员工类型	备注
钟名	09/06/78	销售部	1	5000	销售人员	
李文	09/08/71	销售部	2	3500	销售人员	
吴龙	08/30/83	生产部	1	3000	生产人员	
陈华	06/30/82	财务部	1	3000	管理人员	
赵海	07/21/84	销售部	2	3500	销售人员	
王克维	03/08/84	生产部	3	1000	生产人员	
陈海宁	05/11/79	销售部	3	2000	销售人员	
王新平	03/14/80	生产部	2	2000	生产人员	
马雷	08/09/80	销售部	1	5000	销售人员	
方名堂	09/09/83	办公室	1	3000	管理人员	

图 4-47　职工工资简表

操作步骤

[1] 点击A2单元格,选择【数据】菜单下【数据透视表和数据透视图】,出现向导,例子中的数据为Excel数据表,所需创建的类型为"数据透视表",如图4-48所示。

图4-48 数据透视表向导一

[2] 点击"下一步",选择建立数据透视表的区域为"＄A＄2:＄G＄12",如图4-49所示。

一月工资合计!$A$2:$G$12

图4-49 数据区域

[3] 点击"下一步",选定数据透视表显示位置,本例选"新工作表"。

图4-50 显示位置

[4] 点击"完成",进入透视表行、列和数据区设定界面,如图4-51所示。

图4-51 透视表行列和数据设置

第 4 章 Excel 高级应用

[5] 将"员工类型"拖入行字段处,将"所属部门"拖入列字段处,将"基本工资"拖入数据项区域,结果如图 4-52 所示。

计数项:基本工资	所属部门					
员工类型	办公室	财务部	生产部	销售部	(空白)	总计
管理人员	1	1				2
生产人员			3			3
销售人员				5		5
(空白)						
总计	1	1	3	5		10

图 4-52 行列和数据区域选择结果

[6] 双击上图中的计数项,会出现选择计算类型界面,选择"求和",如图 4-53 所示。

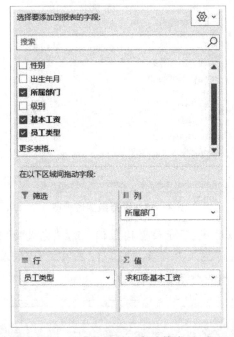

图 4-53 设定数据透视表计算类型:求和

[7] 点击"确定",数据透视表结果如图 4-54 所示。

求和项:基本工资	所属部门					
员工类型	办公室	财务部	生产部	销售部	(空白)	总计
管理人员	3000	3000				6000
生产人员			6000			6000
销售人员				19000		19000
(空白)						
总计	3000	3000	6000	19000		31000

图 4-54 数据透视表结果

> 提示:用户可按照上述方法练习求平均数、统计人数等方法对数据表进行透视。

4.4.2 数据透视图

数据透视图是利用图表的直观方式提供交互式数据分析,用户可以通过拖动字段和显示或隐藏字段中的项来重新组织图表的布局,广泛应用于实务工作中。

【例4-13】 按照上例数据,建立数据透视表。

 操作步骤

[1] 选择【数据】菜单下【数据透视表和数据透视图】,所需创建的类型为"数据透视图",如图4-55所示。

图4-55 选择数据透视图

[2] 点击"下一步"数据区域、显示位置同上例,点击"完成"按钮。将"员工类型"字段拖入分类字段处,将"所属部门"拖入系列字段处,将"基本工资"拖入数据项区域,并修改计算类型为"求和",结果如图4-56所示。

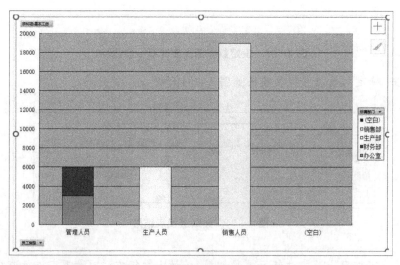

图4-56 数据透视图显示结果

[3] 用户可以在数据透视图中点击右键修改图表类型,如图 4-57、图 4-58 所示。

图 4-57　更改图表类型

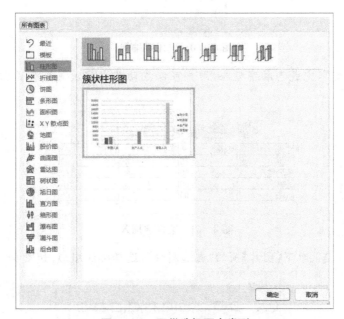

图 4-58　可供选择图表类型

4.5　图形、艺术字及图表功能

Excel 提供了强大的图形、艺术字和图表插入功能,在工作表中插入图形和艺术字对象,可以丰富工作表的内容和提高工作表的可读性,一般图形对象包括剪贴画、图片、图形文件等。图表功能的使用让数据表更加直观、立体和生动灵活。

4.5.1　插入图形和艺术字

【例 4-14】 图 4-59 为学生成绩表,请对标题插入艺术字"学生成绩表",并插入自选图形,标注出该表是 2022 年底的课程成绩。

姓名	英语	高数	体育
王新	75	85	90
李晓然	88	90	70
丁敏	80	95	75
赵梅	90	90	60

图 4-59　学生成绩表

🐴 操作步骤

［1］点击【插入】菜单下【图片】项的"艺术字"功能,选择艺术字类型,确定后进入编辑艺术字内容、字体、大小界面,如图4－60所示：

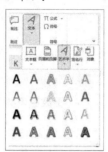

图4－60　艺术字编辑

［2］点击"确定",完成艺术字插入,用户可以拖动艺术字放置到合适位置,如图4－61所示。

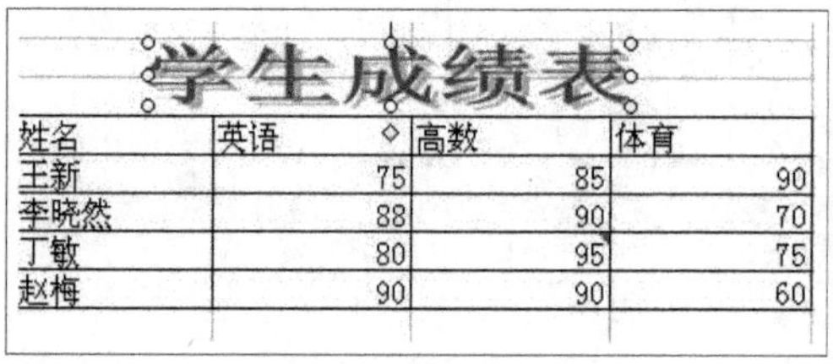

图4－61　艺术字插入

［3］点击【插入】菜单下【图片】项的"自选图形",选择标注图形,如图4－62所示。

图4－62　自选图形

［4］选择标注输入"该表为2022年底的课程成绩",结果如图4－63所示。

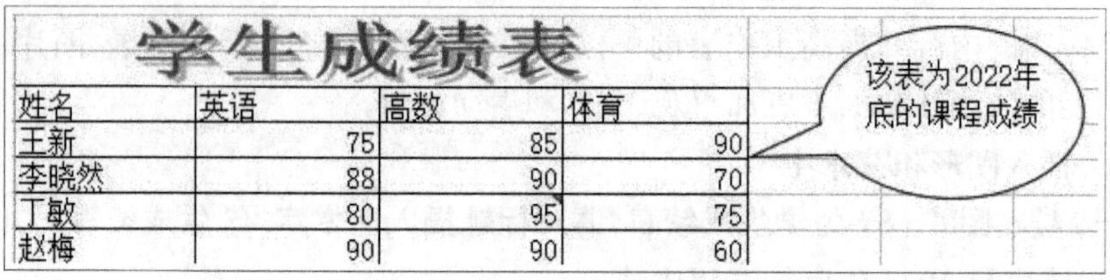

图4－63　插入自选图形

📖 提示：用户可以自行练习插入"来自文件"的图片和"剪贴画"的图片。

4.5.2 插入图表

【例4-15】 按照图4-59中的学生成绩数据插入图表,立体显示各个学生各门课程的成绩。

操作步骤

[1] 选中姓名至体育成绩数据表区域,如图4-64所示。

姓名	英语	高数	体育
王新	75	85	90
李晓然	88	90	70
丁敏	80	95	75
赵梅	90	90	60

图4-64 选中数据表区域

[2] 点击【插入】菜单下【图表】,本例选择柱形图的簇状柱形图,如图4-65所示。

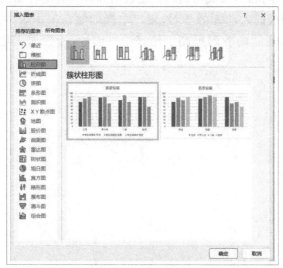

图4-65 图表选择

[3] 点击"完成",完成图表插入的操作,结果如图4-66所示。

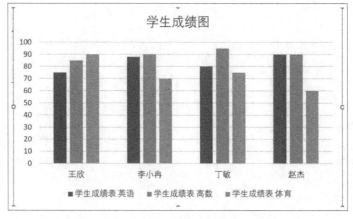

图4-66 插入图表结果

4.6 本章小结

本章主要讲解了 Excel 在数据处理中的高级应用,主要包括数据表的排序与筛选、分类汇总与分列功能、数据透视表与数据透视图、图形及艺术字与图表的应用。

数据表的排序和筛选,既可以按照单一字段进行排序,也可以按照多个字段进行排序;既可以按照单个条件进行筛选,也可以按照多个条件进行筛选;既可以利用快捷的自动筛选功能,也可以使用灵活的高级筛选功能进行数据查询。

分类汇总能够对分类字段按照指定的项目进行求和、求平均数、乘积等;分列是把单元格中文本按照一定规则划分到多列中,或者对导入的文本文件进行分列,还可以对某列数据进行类型转换。

通过数据透视表和数据透视图的学习,用户可根据需要更改计算的数据项目和计算类型,并根据需要调整数据格式,形成与用户交互数据分析的透视表或透视图。

图形、艺术字和图表插入功能的学习,用户掌握如何在工作表中插入图形艺术字和图表,这样可以丰富工作表的内容和提高工作表的可读性,让数据表更加直观、立体和生动灵活。

第 5 章
利用 Excel 编制记账凭证

Microsoft Excel 不仅提供了数据输入、输出、显示等一般的数据处理功能,还提供了强大的数据分析、数据筛选、数据分类汇总等功能,如绘制图表、统计分析、分类汇总、筛选、数据透视表、预测等。便捷的操作和高效的功能使其成为企业日常财务工作中使用最多的办公软件,本章以实例为基础,讲授如何利用 Excel 进行会计凭证的编制和处理。

本章要点:
- 会计科目的编制
- 记账凭证的录入
- 记账凭证的查询

5.1 记账凭证概述

记账凭证又称为分录凭证,是由会计部门根据审核无误的原始凭证编制的,用来登记借贷会计分录,作为直接登记账簿依据的一种会计凭证。

1. 记账凭证的格式 记账凭证是登记账簿的直接依据,不同规模、不同财务分工及不同业务类型的企业,选择记账凭证不同,通用的凭证格式如图 5-1 所示。

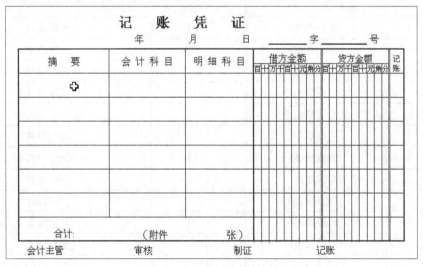

图 5-1 记账凭证格式图

2. 记账凭证的内容　记账凭证是确定会计分录的凭证,因此必须具备如下基本要素:记账凭证名称,如上图标题"记账凭证";填制日期和编号;经济业务的内容摘要;应借、应贷的账户名称,分为一级会计科目和明细科目;借方或者贷方金额;所附附件数;填制人员签名或盖章等。

3. 利用 Excel 编制记账凭证的要点　按照上述介绍,利用 Excel 编制记账凭证的要点如下:首先,必须把凭证的上述内容在 Excel 中进行录入;其次,必须有可参照的会计科目进行编制凭证;最后,由于记账凭证分录要求有借必有贷、借贷必相等,因此每张凭证至少包含一借一贷,在 Excel 中表现为两条记录,这两条记录的编号相等、方向相反、金额相等。

5.2　编制会计科目表

编制会计科目表是进行记账凭证编制工作的前提,没有会计科目就不能进行借贷分录的录入。一般来说编制会计科目表有两个主要工作:其一是编制会计科目表;其二是编辑各个会计科目的期初余额。

5.2.1　编制会计科目表

进行记账凭证的编制需要使用会计科目,因此在编制记账凭证前先进行会计科目表的编制。在手工方式下进行记账凭证填制时,使用的是会计科目名称,而在计算机处理数据时,会计科目代码将作为会计科目的唯一标识号,因此利用 Excel 编制会计科目,科目代码也是唯一标识号,通过科目代码,能够自动查找并显示科目名称。

【例 5-1】　奇货可居有限公司使用的会计科目表如表 5-1 所示,请利用 Excel 进行科目表的编制。

表 5-1　会计科目表

科目代码	科目名称	科目代码	科目名称
	一、资产类		二、负债及所有者权益类
1001	库存现金	2001	短期借款
1002	银行存款	2201	应付票据
100201	工商银行	2202	应付账款
100202	农业银行	2203	预收账款
1012	其他货币资金	2211	应付职工薪酬
1121	应收票据	2221	应交税费
1122	应收账款	2241	其他应付款
1123	预付账款	2501	长期借款
1221	其他应收款	2701	长期应付款
1231	坏账准备	4001	实收资本
1402	在途物资	4002	资本公积
1403	原材料	4101	盈余公积

第 5 章　利用 Excel 编制记账凭证

续表 5-1

科目代码	科目名称	科目代码	科目名称
1405	库存商品	4103	本年利润
1471	存货跌价准备	4104	利润分配
1601	固定资产		四、损益类
1602	累计折旧	6001	主营业务收入
1603	固定资产减值准备	6051	其他业务收入
1604	在建工程	6301	营业外收入
1606	固定资产清理	6401	主营业务成本
1701	无形资产	6402	其他业务支出
1702	累计摊销	6403	营业税金及附加
1703	无形资产减值准备	6601	销售费用
1901	待处理财产损益	6602	管理费用
	三、成本类	6603	财务费用
5001	生产成本	6711	营业外支出
5101	制造费用	6801	所得税费用

操作步骤

[1] 启动 Excel，双击第一个工作表"Sheet1"处，修改工作表名称为"会计科目表"，如图 5-2 所示。

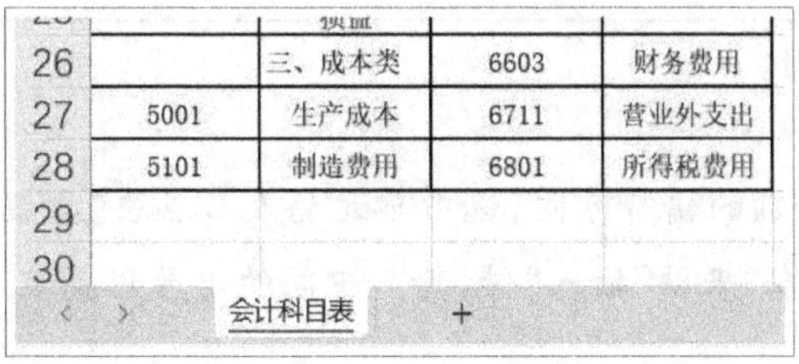

图 5-2　修改工作表名称

[2] 按照给定的会计科目，输入会计科目的科目代码、科目名称，并画好边框。注意：科目代码为字符型数据，因此在输入时，应先输入"'"号，然后输入代码，或者在"格式"菜单的"单元格"下，选择 A 列为文本，如图 5-3 所示。

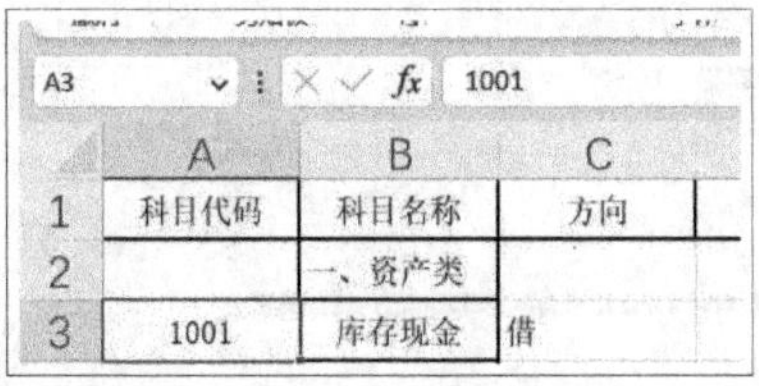

图 5-3　编辑会计科目

[3] 点击"保存"即可。

5.2.2 编辑会计科目期初余额

在使用 Excel 进行记账凭证录入之前,需要明确各个会计科目的期初余额,这样数据才能保持连续性和完整性。比如,A 企业从 2021 年 2 月开始使用 Excel 进行记账凭证记录的编制,那么在 2 月之前各个会计科目账户上已经存在了发生额和余额,需要把这些发生额和余额输入 Excel 表中。

【例 5-2】 按照上述科目,各个账户发生额和余额如表 5-2,假设没有列出的科目余额为零。

表 5-2 账户发生额和余额表

科目代码	科目名称	方向	年初余额	年累计借方发生额	年累计贷方发生额	期初余额
1001	库存现金	借	1000	5000	2000	4000
1002	银行存款	借				
100201	工商银行	借	200 000	300 000	250 000	250 000
100202	农业银行	借				0
1403	原材料	借	100 000	20 000	70 000	50 000
1601	固定资产	借	300 000			300 000
1602	累计折旧	贷	25 000		3000	28 000
2001	短期借款	贷	76 000			76 000
4001	实收资本	贷	500 000			500 000

操作步骤

[1] 设置会计科目余额的借贷方向,选中单元格 C2,点击【数据】菜单下的【数据验证】,在"允许"下选择"序列",在"来源"输入"借,贷",中间的逗号用英文半角状态下的逗号,如图 5-4 所示。

图 5-4 设置数据有效性

〔2〕点击"确定"后，C2 单元格出现下拉箭头。

〔3〕把鼠标移到 C2 单元格右下角，出现十字形符号，点击左键进行拖动复制，复制 C3：C200 区域，C200 是指科目增加的最大值，如果单位科目有 300 个，则至少要到 C300，依此类推。

〔4〕点击下拉箭头选择"借"或"贷"。

〔5〕按照例子中数据输入年初余额、年累计借方发生额、年累计贷方发生额。

〔6〕期初余额不需要输入，按照会计账户金额计算公式：科目余额方向在借方的，期初余额＝年初余额＋年累计借方发生额－年累计贷方发生额，因此选中 G2 单元格，输入"＝D2＋E2－F2"，并把该公式复制到所有方向是借方的会计科目期初余额单元格。

〔7〕同理进行科目余额方向为贷方会计科目的设置，注意公式的变化，科目余额方向在贷方的，期初余额＝年初余额＋年累计贷方发生额－年累计借方发生额。录入完毕，如图 5-5 所示。

	A	B	C	D	E	F	G
1	科目代码	科目名称	方向	年初余额	年累计借	年累计贷	期初余额
2	1001	库存现金	借	1000	5000	2000	4000
3	1002	银行存款	借				0
4	100201	工商银行	借	200000	300000	250000	250000
5	100202	农业银行	借				
6	1403	原材料	借	100000	20000	70000	50000
7	1601	固定资产	借	300000			300000
8	1602	累计折旧	借	25000		3000	28000
9	4001	实收资本	贷	500000			500000

图 5-5 期初余额录入

> 注意：本例对于有明细科目的科目，只需要输入明细科目余额和发生额即可，不需要输入上级科目的余额和发生额，这样做是为了简化处理，避免后期汇总时重复计算，如图 5-5 的银行存款，只需要录入工商银行即可。

5.2.3 期初试算平衡

期初余额录入完毕，需要平衡才可进行记账凭证的填制工作，因此必须让 Excel 检验输入的数据是否平衡，如果不平衡需要提示错误信息。

试算平衡一般的公式为：年初借方余额＝年初贷方余额；年累计借方发生额＝年累计贷方发生额；期初借方余额＝期初贷方余额。一般前两个公式试算平衡，第三个自动平衡，下面用实例简单制作一个试算平衡的公式，便于用户直观分辨出录入的期初余额是否平衡。

【例 5-3】 按照上例，制作试算平衡判断公式，进行试算平衡。

操作步骤

〔1〕利用 Excel 画出试算的内容，如图 5-6 所示。

图 5-6 试算平衡测试

〔2〕点击 I2 单元格,输入公式"=SUMIF($C$2:$C$200,"借",D2:D200)"即可,注意公式中的"$"为绝对引用,保证复制公式时查询区域保持不变。

〔3〕点击 J2 单元格,输入公式"=SUMIF($C$2:$C$200,"贷",D2:D200)"即可。

〔4〕点击 I4 单元格,输入公式"=SUM(E2:E200)"。

〔5〕点击 J4 单元格,输入公式"=SUM(F2:F200)"或者点击 I4 右下角向右拖动即可。

〔6〕点击 J5 单元格,输入公式"=IF(I2=J2,"平衡","不平衡")"。

〔7〕点击 J6 单元格,输入公式"=IF(I4=J4,"平衡","不平衡")"。

上述会计科目及余额表还可设置成以下格式,省略"方向"列,把"期初余额"分为"期初借方余额"和"期初贷方余额",如图 5-7 所示。

图 5-7 科目及余额表

按照上述格式,则一级科目和明细科目的余额可以重复录入,在 E2 单元格进行判断时,使用公式"=SUMIF($A$2:$A$200,"????",C2:C200)","????"表示在 A 列查找四位编号、符合条件的把 C 列汇总。

需要注意的是,A 列必须是字符型,即录入时需要加"'"号,或者在"格式"菜单中"单元格",设置 A 列为"文本",然后输入的数字属于字符型才可以利用"?"进行判断。

> 注意:上述利用简单的试算原理进行,实务工作中可按照规范的试算平衡表进行。

5.3 编制记账凭证

在实际工作中为了便于登记账簿,需要将来自不同的单位、种类繁多、数量庞大、格式大小不一的原始凭证加以归类、整理,填制具有统一格式的记账凭证。

5.3.1 会计凭证格式

会计凭证表主要由时间、凭证编号及科目名称、借方金额、贷方金额组成,另外有些单位为了加强管理,还要设置一些辅助核算,如部门、客户供应商、项目等。设置一般记账凭证格式如图5-8所示。

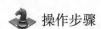

图5-8 记账凭证表

5.3.2 凭证编号、日期与摘要

凭证编号可以手工输入,凭证如果分类别的,如"收款、付款、转账",可以在上述凭证表中新增一列"凭证类型",也可以在凭证编号中编制"收001、付001"等。其中对于编号的形式可以采用顺序编号,也可以采用组码形式,如日期加序号形式,这种形式可使用CONCATENATE函数将几个文本字符串合并为一个文本字符串,一般格式为"=CONCATENATE(TEXT(B2,"yyyymmdd"),序号列)",其中需要新增列"序号",文本类型,手工输入,B2为日期列。本例简化起见,采用手工输入顺序号。

日期手工输入:输入格式为"2021-01-01"或者"2021年1月1日"。

摘要手工输入:同一张凭证的摘要可通过快速复制实现。

5.3.3 会计科目录入

利用Excel进行科目录入,一般思路应该是选择"会计科目表"中存在的科目代码,并且自动显示"会计科目名称"。这两个工作需要使用"数据有效性"功能和"VLOOKUP"函数。

1. 数据有效性 科目代码在会计科目表中已经输入,在凭证录入界面,不需要重复录入科目代码数据,只需要自动调出会计科目表中的代码,用户进行选择即可,这个工作可以使用"数据验证"功能。

操作步骤

[1] 鼠标选中单元格D2,选择"数据"菜单下"数据验证"命令,打开"数据验证"对话框,在"设置"选项卡的"允许"下拉列表框中选择"序列",如图5-9所示。

图5-9 数据验证

[2] 在"来源"栏目需要输入"=INDIRECT("会计科目表！＄A＄2：＄A＄200")"，需要注意的是，如果在同一个工作表内不需要使用 INDIRECT 函数。结果如图 5-10 所示。

图 5-10　设置数据有效性来源

[3] 点击"确定"后，D2 列出现下拉箭头，选择下拉箭头，就会出现会计科目代码选择，如图 5-11 所示。

图 5-11　设置结果

[4] 利用鼠标进行快速复制公式，把 D2 公式复制到整个 D 列，完成科目代码列有效性公式设置。

> 注意：有效性公式中的引号、逗号、冒号、叹号等都是英文半角状态下的符号。

2. 科目名称自动显示　选中科目代码后，按照会计科目表中的对应关系，科目名称应该能够根据科目代码自动显示出来，这个操作需要使用 VLOOKUP 函数。

操作步骤

[1] 点击 E2 单元格，输入公式"=IF(D2="","",VLOOKUP(D2,会计科目表！A2：会计科目表！B200,2,0))"。注意逗号、引号为英文状态下输入，VLOOKUP 的使用规则见第 3 章，结果如图 5-12 所示。

第5章 利用Excel编制记账凭证

图 5-12 VLOOKUP 函数使用

［2］选中 E2 单元格,利用鼠标向下拖动快速复制单元格公式。

［3］在 D2 列选择科目代码 1001,则 E2 列自动显示"库存现金",见图 5-12。

5.3.4 借贷金额录入

凭证中金额是重要数据,必须录入用以形成账簿数据和报表数据。按照复式记账法的要求,借贷金额要求"有借必有贷,借贷必相等"。借贷金额可直接输入,但是应当增加判断公式,用以满足借贷相等的条件。

操作步骤

［1］点击 M2 单元格(用户任意选择没有使用的单元格),输入"借贷是否相等",如图 5-13 所示。

图 5-13 借贷相等公式设置

［2］点击 M3 单元格,输入公式"＝IF(SUM(F2:F2000)＝SUM(G2:G2000),"借贷相等","借贷不相等")",如图 5-13。

> 注意:每一张凭证借贷都相等,那么本期所有凭证的借贷金额合计也相等,有一个不相等,则都是错误的。因此"＝IF(SUM(F2:F2000)＝SUM(G2:G2000),"借贷相等","借贷不相等")"公式是对所有 F 列和 G 列的合计进行判断。

上述借贷相等的判断也可以对每一张凭证进行,思路为:汇总"凭证编号"相等的 F 列数据和 G 列数据,如果相等则平衡,否则不平衡,用户可自行尝试练习。

5.3.5 其他项目的输入

有些科目需要录入数量和单价,如存货类的科目;有些科目需要输入外币和汇率,如涉及外币核算的银行存款科目;有些科目进行"部门、客户供应商、项目"等辅助核算,需要确定这些辅助项目,如"应收账款"的金额核算到客户。

对于数量和外币,直接录入即可,对于涉及部门、客户供应商及项目的单元格,可以对已经存在的部门、客户供应商等数据利用"数据有效性"进行设置,下面以部门为例说明。

【例 5-4】 假设单位有经理室、办公室、财务部、采购部、销售部五个部门,对部门列进行设置,使得录入数据时能够自动选择部门。

 操作步骤

[1] 鼠标选中单元格 K2,选择"数据"菜单下"数据验证"命令,打开"数据验证"对话框,在"设置"选项卡的"允许"下拉列表框中选择"序列",如图 5-14 所示。

图 5-14 数据验证

[2] 在"来源"栏目需要输入"经理室,办公室,财务部,采购部,销售部",要注意的是,逗号为英文半角状态,点击"确定",结果如图 5-15 所示。

图 5-15 设置部门列数据

如果已经存在一个部门表,则在设置"来源"时,需要选定部门表中部门名称所在的列区域即可。假设存在一个部门表,其中部门名称在 B2:B10 单元格区域,则来源输入"=INDIRECT("部门表! $B$2:$B$10")即可。其他项目如客户、供应商、项目等,参照上述进行设置。

5.4 凭证查询

在 Excel 中进行凭证查询,可以利用给定的筛选功能。筛选功能基本操作步骤为:选择凭证标题行,选择"数据"菜单下"筛选"项"自动筛选"命令,进入筛选状态,如图 5-16 所示。如要退出筛选状态,重新选择"数据"菜单下"筛选"命令即可。

图 5-16 自动筛选

第 5 章　利用 Excel 编制记账凭证

1. 按照凭证号查询凭证　如查询 2 号凭证，点击"凭证号"下拉按钮，选择 002 号，结果如图 5-17 所示。

	A	B	C	D	E	F
1	凭证号	日期	摘要	科目代	账科目	科目名称
11	002	2022/2/5	采购商品	1405	1405	库存商品
14	002	2022/2/5	采购商品	2202	2202	应付账款

图 5-17　凭证号查询

如要恢复到查询前的状态，选择下拉箭头"全部"即可。

2. 按照日期查询　按照日期查询，既可以查询某一指定日期，也可以查询某一日期区间的凭证。如查询 2022-02-05 的数据，如图 5-18 所示。

	A	B	C	D	E	F
1	凭证号	日期	摘要	科目代	账科目	科目名称
11	002	2022/2/5	采购商品	1405	1405	库存商品
14	002	2022/2/5	采购商品	2202	2202	应付账款

图 5-18　按指定日期查询

如果查询某一期间的数据，如查询 2022-02-05 至 2022-02-25 之间的凭证数据，按照下面步骤进行：

操作步骤

［1］单击"日期"下拉按钮箭头，选择"自定义"，如图 5-19 所示。

图 5-19　自定义查询期间

[2]输入筛选条件：大于等于2022-02-05，小于等于2022-02-25，注意中间是"与"，两个条件同时存在，日期可以选择，如果没有指定的日期，可以输入，如图5-20所示。

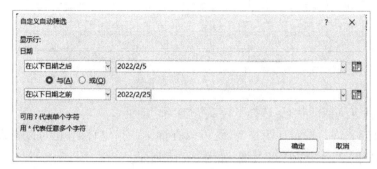

图 5-20　输入查询日期

[3]点击"确定"，查询结果如图5-21所示。

	A	B	C	D	E	F
1	凭证号	日期	摘要	科目代码	账科目	科目名称
3	003	2022/2/10	购买办公用品	1001	1001	库存现金
4	006	2022/2/20	出差借款	1001	1001	库存现金
6	005	2022/2/18	销售原材料	100201	1002	工商银行
7	004	2022/2/12	销售商品	1122	1122	应收账款
8	006	2022/2/20	出差借款	1221	1221	其他应收款
9	007	2022/2/24	报销差旅费	1221	1221	其他应收款
19	004	2022/2/12	销售商品	6001	6001	主营业务收入
21	005	2022/2/18	销售原材料	6051	6051	其他业务收入
29	003	2022/2/10	购买办公用品	6602	6602	管理费用
30	007	2022/2/24	报销差旅费	6602	6602	管理费用

图 5-21　查询结果

3. 按照科目查询　按照科目查询可以查询到用户所需要的某一科目本期发生额，也可以查询到某些明细科目所属总账科目的凭证记录。

查询某一科目本期发生额，操作方法同上，查询明细科目所属上级科目的凭证记录，如查询"1002银行存款"的凭证，需要把明细科目转换为总账科目，利用LEFT函数截取总账科目位数即可。

插入一列"总账科目代码"，在E2单元格输入公式"=LEFT(D2,4)"，总账科目代码为4位数，所以函数后面参数为4，结果如图5-22所示。

	A	B	C	D	E
1	凭证号	日期	摘要	科目代码	总账科目代码
2	001	2022/2/2	提取现金	1001	1001
3	003	2022/2/10	购买办公用品	1001	1001

图 5-22　设置总账科目代码列

选择总账科目代码下拉按钮箭头，选择1002，点击"确定"即可查询到银行存款总账的凭证发生额数据,如图 5-23 所示。

凭证	日期	摘要	科目代码	总账科目代	科目名称
001	2022/2/2	提取现金	100201	1002	工商银行
005	2022/2/18	销售原材料	100201	1002	工商银行

图 5-23 按总账科目凭证查询

4. 按金额查询 按照金额查询可以查询指定金额的记账凭证,也可以查询某一金额区间的记账凭证。

指定金额记账凭证查询,点击借方或者贷方下拉按钮箭头,选择金额即可。查询某一金额区间的记账凭证,需要在下拉按钮箭头中选中"自定义",输入查询条件即可,如查询借方金额大于等于 10 000 元的记账凭证,如图 5-24 所示。

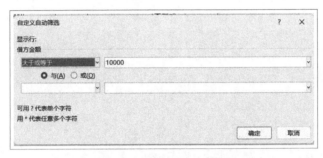

图 5-24 按金额查询凭证

5. 按部门、客户、供应商或项目查询 查询方法同上,如查询办公室本期发生的各项费用支出,可查询和办公室相关的记账凭证。选中"部门"列下拉按钮箭头,选择"办公室"即可,结果如图 5-25 所示。

总账科目代	科目名称	借方金	贷方金	数量	单价	客户或者供应商	部门	项
6602	管理费用	5000					办公室	

图 5-25 按部门查询凭证

5.5 本章小结

本章详细介绍了如何利用 Excel 进行记账凭证的编制,如何进行记账凭证的查询。编制记账凭证时需要使用会计科目,因此建立会计科目表是进行记账凭证填制的前提,并录入期初的各个账户的发生额和余额。

日常记账凭证的编制,用户既可以设计成标准凭证格式,也可以采用记账凭证表逐条进行登记,登记时按照凭证发生日期和凭证号由小到大进行,对于会计科目需要使用查找引用功能,对借贷金额需要进行是否平衡判断,对于其他项目比如部门、客户等内容使用数据有效性控制,有利于减少凭证内容输入过程中出现的错误。

在会计中的应用

凭证查询主要讲解了在 Excel 中进行凭证查询,可以利用给定的筛选功能,自动筛选和高级筛选功能。既可以按照单一条件进行查询,比如会计科目、借方金额等,也可以按照自定义组合条件进行查询,还可以使用高级筛选功能进行查询,用户在练习中需要熟练掌握筛选功能。

第 6 章
利用 Excel 编制会计账簿

会计账簿依据记账凭证进行登记和形成,设置和登记会计账簿,是重要的会计核算基础工作,是连接会计凭证和会计报表的中间环节。本章详细讲述利用 Excel 编制总账、明细账、日记账等会计账簿。

本章要点:
- 利用 Excel 编制日记账
- 利用 Excel 编制总账
- 利用 Excel 编制明细账
- 利用 Excel 编制其他账表

6.1 会计账簿概述

会计账簿是指由一定格式的账页组成的,以经过审核的会计凭证为依据,全面、系统、联系地记录各项交易或事项的簿籍。会计账簿是会计信息形成的重要环节,是会计资料的主要载体之一,是会计资料的重要组成部分。由于会计凭证数量多,所提供的资料比较分散,缺乏系统性,需要设置会计账簿把分散在会计凭证中的大量核算资料加以集中和归类整理,分门别类地记录在账簿中。

会计账簿按其用途可以分为以下三类:

1. **序时账簿** 序时账簿又称为日记账,是按交易、事项发生或完成时间的先后顺序逐日逐笔进行登记的账簿。按其记录的内容不同,又可分为普通日记账和特种日记账两种。在我国,大多数单位一般只设现金日记账和银行存款日记账。

2. **分类账簿** 分类账簿是对全部交易或事项按照会计要素的具体类别而设置的分类账户进行登记的账簿。按照总分类账户分类登记交易或事项的账簿是总分类账簿,简称总账。按照明细分类登记交易或事项的账簿是明细分类账簿,简称明细账。分类账簿提供的核算信息是编制会计报表的主要依据。

3. **备查账簿** 简称备查簿,是对某些未能在序时账簿和分类账簿中进行登记或登记不够详细的交易或事项进行补充登记时使用的账簿。如租入固定资产登记簿、受托加工来料登记簿等。

另外,会计账簿按照账页格式可以分为三栏式账簿、多栏式账簿、数量金额式账簿和横线登记式账簿等。

6.2 编制日记账

货币资金管理在财务管理中具有重要作用,在我国大多数企业设置现金日记账和银行存款日记账,用以对货币资金进行管理。现金日记账和银行存款日记账设置方法一样,本节利用 Excel 进行现金日记账的编制,并自动形成现金日报表。

6.2.1 设置现金日记账的格式

现金日记账的账页格式一般采用三栏式,主要账页要素有日期、凭证编号、摘要、借方、贷方、余额、是否记账等栏目,格式如图 6-1 所示。

A1		:	×	✓	f_x	现金日记账			
	A	B	C	D	E	F	G	H	I
1	现金日记账								
2	2022年		凭证编号	类别	摘 要	借 方	贷 方	余 额	记账
3	月	日							
4					期初余额			4,000.00	√
5	2	2	001	提现金	提取现金	1,000.00		5,000.00	√
6					本日合计			5,000.00	√
7	2	10	003	其他支出	购买办公用品		500.00	4,500.00	√
8					本日合计			4,500.00	√
9	2	20	006	出差借款	出差借款		2,500.00	2,000.00	√
10					本日合计			2,000.00	√

图 6-1 现金日记账格式

设置说明:

- 标题为"现金日记账",字体、大小及颜色用户自行定义。
- 日期:为了查看和筛选日期方便,月、日分为两列。
- 凭证编号:是涉及现金收支记账凭证的编号。
- 类别:新增列,主要对自动形成现金日报表做准备,用户根据单位现金用途自行分类,采用数据有效性下拉列表选择。
- 摘要:记录业务发生的说明文字。
- 借方、贷方及余额:借方记录每笔现金收入、贷方记录每笔现金支出、余额是每笔业务发生后现金的结余情况。
- 记账:是否记账,如果该记录已经记账则用"√"表示。

6.2.2 设置日记账公式

按照图 6-1 所示,现金日记账中部分内容可以利用 Excel 给定的功能自动计算和选择,如日期、凭证编号、类别、摘要、余额等。

1. 自动选择日期中的日、凭证编号、摘要、类别 使用数据验证功能,设定下拉列表选择,下面以摘要为例讲解设置过程。

第6章 利用 Excel 编制会计账簿

操作步骤

［1］增加常用摘要,如在辅助管理工作表页面下增加单位业务常用的摘要,如图6-2所示。

图6-2 常用摘要

［2］选择常用摘要所在列J列,点击【公式】菜单下【名称】项的"根据所选内容创建"功能,选择名称创建于"首行",这样就把J列数据序列的名称设置为"常用摘要",如图6-3所示。

图6-3 指定名称

［3］选择"现金日记账"工作表下的摘要对应单元格E4,选择【数据】菜单下【数据验证】项,允许项目选择"序列",来源设置为"=常用摘要"即可,如图6-4所示。

图6-4 摘要列数据来源设置

[4]点击"确定",摘要列就可以用下拉列表来进行选择,并进行快速复制到整个摘要列。同样道理可以设置日期中的日、类别和凭证编号。

> 注意:本章使用了"指定名称"功能设置数据"来源"项目,默认名称为首行名称,还可以使用【插入】菜单下【名称】的自定义功能,读者自行定义一个名称。上述来源也可用公式进行,上章我们已经提及,设置方法为"=INDIRECT("辅助管理表!$J$2:$J$200")",假设有200个以内的常用摘要。

2. 设置自动计算公式　在现金日记账中每笔业务的余额可以按照公式进行,一般由"上一笔业务的余额+本笔收入-本笔支出"计算得来。

按照上述余额计算的一般原理,结合图6-1,H5单元格的公式为"=IF(E5="",0,IF(OR(E5="过次页",E5="承前页",E5="本日合计",E5="本月合计",E5="本年累计"),H4,H4+F5-G5))",如图6-5所示。

图6-5　余额公式设置

公式说明:

如果摘要为空,则本行没有业务,则不进行余额计算,结果显示"0",如果摘要栏目是"过次页,承前页,本日合计,本月合计,本年累计",则余额等于上一行的余额,如果以上都不是,则本行余额=上一行余额+借方收入-贷方支出。

3. 设置记账列　一般记账的记录,在记账列显示"√"号,设置方法为:利用数据有效性,设置来源为"√",如图6-6所示。

图6-6　设置记账列符号

4. 金额显示设置　设置借方、贷方和余额斜体显示，并且显示金额后两位数，并且使用千位分隔符，负数的显示方式为"－1000.00"模式。设置步骤为：选择借方、贷方及余额单元格，点击【格式】菜单下【单元格】项，选择数字选项卡。在分类区域选择"数值"，在小数位选择"2"，选定"使用千位分隔符"，选中负数显示方式，结果如图6-7所示。

图 6-7　设置金额显示方式

5. 保护已记账记录不被修改　已经记账的记录即在记账列有"√"的记录不能被修改，保证数据安全。如对于已经记账的记录，金额不允许修改。其操作步骤如下：

[1] 选中区域"F4:H1000"，点击【数据】菜单下【数据验证】项。

[2] 在"允许"下选择"自定义"。

[3] 在"公式"下输入"=$I4="即可，即如果记账列（I列）是空，可以修改金额，否则不可以修改，$为绝对引用符号。结果如图6-8所示。

图 6-8　记账记录保护

6.2.3 自动生成现金日报表

现金日报表是出纳每天应当填写的报表之一,真实地反映了当天的现金流入和流出状况,现金日报表格式如图 6-9 所示。

图 6-9 现金日报表

按照上表,需要设置公式的有:本日收入与支出类别项目、本月收入与支出类别项目、本年累计收入与支出项目、本日现金余额。

1. 本日收入与支出类别项目公式 本日收入与支出类别项目取数的思路为:在现金日记账中取月份与日报表月份相同、日期与日报表日期相同、类别与日报表中相同的金额,对于收入应当去借方发生的金额,对于支出应当去贷方发生的支出。

选择 C4 单元格,设置收入取数公式,取数公式为"=SUMPRODUCT((现金日记账!＄A＄4:＄A＄2000=MONTH(现金日报表!＄B＄2))*(现金日记账!＄B＄4:＄B＄2000=DAY(现金日报表!＄B＄2))*(现金日记账!＄D＄4:＄D＄2000=现金日报表!B4)*现金日记账!＄F＄4:＄F＄2000)"。快速复制上述公式至所有收入项目,合计栏目除外。

公式说明:

- SUMPRODUCT()函数为多条件求和函数。
- (现金日记账!＄A＄4:＄A＄2000=MONTH(现金日报表!＄B＄2))为月份相同,＄符号为绝对引用符号。
- (现金日记账!＄B＄4:＄B＄2000=DAY(现金日报表!＄B＄2))为日期相同。
- (现金日记账!＄D＄4:＄D＄2000=现金日报表!B4)为类别相同。
- 现金日记账!＄F＄4:＄F＄2000 为求和区域。
- "*"号为多条件同时成立,任意一个条件成立即求和的连接符为"+"。

选中 C8 栏目,设置支出取数公式,与收入公式相同,仅仅需要更改最后计算求和区域为现金日记账的贷方发生栏目,即"现金日记账!＄G＄4:＄G＄2000"。

2. 本月收入与支出项目公式 本月收入与支出类别项目取数的思路为:在现金日记账

中取月份与日报表月份相同、日期小于等于日报表日期、类别与日报表中相同的金额,对于收入应当去借方发生的金额,对于支出应当去贷方发生的支出。

选择 D4 单元格,设置本月收入项目取数公式为"＝SUMPRODUCT((现金日记账!＄A＄4:＄A＄2000＝MONTH(现金日报表!＄B＄2))*(现金日记账!＄B＄4:＄B＄2000<=DAY(现金日报表!＄B＄2))*(现金日记账!＄D＄4:＄D＄2000＝现金日报表!B4)*现金日记账!＄F＄4:＄F＄2000)"。

选择 D8 单元格,设置本月支出项目取数公式,仅仅需要把上述公式取数区域变为"现金日记账!＄G＄4:＄G＄2000"。

本月合计与本日合计的区别在于要求月份相同,日期小于等于日报表当天日期。

3. 本年累计收入与支出项目公式。本年累计收入与支出类别项目取数的思路为:在现金日记账中取月份小于等于日报表月份、日期小于等于日报表日期、类别与日报表中相同的金额,对于收入应当去借方发生的金额,对于支出应当去贷方发生的支出。

选择 E4 单元格,设置本年累计收入项目取数公式为"＝SUMPRODUCT((现金日记账!＄A＄4:＄A＄2000<=MONTH(现金日报表!＄B＄2))*(现金日记账!＄B＄4:＄B＄2000<=DAY(现金日报表!＄B＄2))*(现金日记账!＄D＄4:＄D＄2000＝现金日报表!B4)*现金日记账!＄F＄4:＄F＄2000)"。

选择 E8 单元格,设置本年累计支出项目取数公式,仅仅需要把上述公式取数区域变为"现金日记账!＄G＄4:＄G＄2000"。

本年累计的要点在于:月份小于等于日报表当前月份,日期小于等于日报表当天日期。

6.3 编制总账

总账是是根据总分类科目开设账户,用来登记全部经济业务,进行总分类核算,提供总括核算资料的分类账簿。既可以按照记账凭证逐笔登记,也可以按照科目汇总表等汇总登记。

6.3.1 总账格式

按照科目汇总表模式形成总账,本节把总账格式设置成如图 6-10 所示。

图 6-10 总账

6.3.2 取数公式设置

按照上述总账要求,需要对期初余额、借方发生、贷方发生、年累计借方发生、年累计贷方发生及期末余额设置取数公式。

1. 期初余额　期初余额来源于"会计科目表"中的期初数据,按照前例讲解的会计科目表,需要增加一列"总账科目",设置 H2 单元格公式为"＝LEFT(A2,4)",并快速复制公式至 H 列其他单元格,如图 6-11 所示。

	A	B	C	D	E	F	G	H
1	科目代码	科目名称	方向	年初余额	年累计借方发生额	年累计贷方发生额	期初余额	总账科目
2	1001	库存现金	借	1000	5000	2000	4000	1001
3	1002	银行存款	借					1002
4	100201	工商银行	借	200000	300000	250000	250000	1002
5	100202	农业银行	借				0	1002
6	1012	其他货币资金	借				0	1012
7	1121	应收票据	借				0	1121
8	1122	应收账款	借					1122
9	1123	预付账款	借				0	1123

图 6-11　会计科目表追加"所属总账科目"列

利用 SUMIF()函数进行条件汇总,设置总账"期初余额"栏目公式。选定总账工作表中 D3 单元格,设置公式为"＝SUMIF(会计科目表!＄H＄2:＄H＄200,A3,会计科目表!＄G＄2:＄G＄200)"。

公式说明:

- SUMIF()函数为条件汇总函数。
- "会计科目表!＄H＄2:＄H＄200"为会计科目表中"总账科目"查询区域,＄为绝对引用符号。
- A3 为查询条件或查询值,这里为"1001"。
- "会计科目表!＄G＄2:＄G＄200"为会计科目表中汇总区域"期初余额"。

快速向下拖动复制公式至整个 D 列,完成期初余额公式设置,如图 6-12 所示。

	A	B	C	D	E	F	G	H	I
1				总账					
2	科目代码	科目名称	方向	期初余额	借方发生	贷方发生	年累计借方发生	年累计贷方发生	期末余额
3	1001	库存现金	借	4000					
4	1002	银行存款	借	250000					
5	1012	其他货币资金	借	0					
6	1121	应收票据	借						

图 6-12　期初余额公式

2. 借、贷方发生额　借贷方发生额需要根据记账凭证数据,对于相同总账科目的记录汇总其借贷发生额。

选择总账工作表中的 E3(即库存现金借方发生额单元格),输入公式"＝SUMIF(记账凭证表!＄E＄2:＄E＄2000,A3,记账凭证表!＄G＄2:＄G＄2000)"。

选择 F3 单元格(即库存现金的贷方发生额),输入公式"＝SUMIF(记账凭证表!＄E

$2：$E$2000，A3，记账凭证表！$H$2：$H$2000)"。

快速向下拖动复制公式,完成借贷方发生额取数公式设置。如图6-13所示：

图6-13 借贷方发生额公式设置

3. 期末余额设置 期末余额既可以按照期初余额计算,也可以按照年初余额计算,公式为：

期末余额=期初余额+(或-)借方发生额-(或+)贷方发生额

期末余额=年初余额+(或-)年累计借方发生额-(或+)年累计贷方发生额

本章使用了期初余额进行计算,其中:方向为借方的会计科目,期末余额=期初余额+借方发生额-贷方发生额；方向为贷方的会计科目,期末余额=期初余额-借方发生额+贷方发生额。

选择期末余额列单元格I3,设置公式为"=IF(C3="借",D3+E3-F3,D3-E3+F3)",向下拖动快速复制公式至I列下面单元格,结果如图6-14所示：

图6-14 期末余额公式设置

公式说明:利用了IF函数,如果方向单元格C3为"借",则执行公式"D3+E3-F3",否则执行公式"D3-E3+F3"。

注意:这样设置公式,要求会计科目的方向必须选择"借"或者"贷",不能为空,如果为空则默认为和方向为"贷"公式一致。

4. 累计借方、累计贷方发生额 年累计发生额是指从年初到当前月份的累计发生额,如果每个月都有独立的记账凭证表,则需要把每个月份记账凭证表借方发生合计即可；如果不按照凭证表来设定,可以按照期初科目余额表和本期发生数来设定。本章按照后者来进行设置。

会计科目表中已经存在了从年初到当前月份月初的累计借贷发生额，在总账表中能够获得本期的借方和贷方发生额，则两者之和即为年初到当前月份的累计发生额。

选中 G3 单元格，输入公式"=SUMIF(会计科目表！$H$2:$H$200,A3,会计科目表！$E$2:$E$200)+E3"。

公式说明：

- SUMIF(会计科目表！$H$2:$H$200,A3,会计科目表！$E$2:$E$200)为取会计科目表的年累计借方发生数。
- E3 为本期借方发生数。
- 二者合计为年初到目前为止的累计借方发生额。

向下拖动快速复制单元格公式，完成所有累计发生额单元格的公式设置，如图 6-15 所示。

G3 =SUMIF(会计科目表!$H$2:$H$200,A3,会计科目表!$E$2:$E$200)+E3

	A	B	C	D	E	F	G
1	总账						
2	科目代码	科目名称	方向	期初余额	借方发生	贷方发生	年累计借方发生
3	1001	库存现金	借	4000	1000	3000	6000
4	1002	银行存款	借	250000	2000	1000	302000
5	1012	其他货币资金	借	0	0	0	0
6	1121	应收票据	借	0	0	0	0
7	1122	应收账款	借	0	20000	0	20000
8	1123	预付账款	借	0	0	0	0
9	1221	其他应收款	借	0	2500	2500	2500

图 6-15　本年累计借方发生额公式

选中 H3 单元格，输入公式"=SUMIF(会计科目表！$H$2:$H$200,A3,会计科目表！$F$2:$F$200)+F3"，快速复制公式完成年贷方累计发生额公式设置。

总账公式设置完毕，取数结果如图 6-16 所示。

	A	B	C	D	E	F	G	H	I
1	总账								
2	科目代码	科目名称	方向	期初余额	借方发生	贷方发生	年累计借方发生	年累计贷方发生	期末余额
3	1001	库存现金	借	4000	1000	3000	6000	5000	2000
4	1002	银行存款	借	250000	2000	1000	302000	251000	251000
5	1012	其他货币资金	借	0	0	0	0	0	0
6	1121	应收票据	借	0	0	0	0	0	0
7	1122	应收账款	借	0	20000	0	20000	0	20000
8	1123	预付账款	借	0	0	0	0	0	0
9	1221	其他应收款	借	0	2500	2500	2500	2500	0
10	1231	坏账准备	贷	0	0	0	0	0	0
11	1402	在途物资	借	0	0	0	0	0	0
12	1403	原材料	借	50000	0	800	20000	70800	49200
13	1405	库存商品	借	0	50000	10000	50000	10000	40000

图 6-16　总账数据

第 6 章 利用 Excel 编制会计账簿

6.4 编制明细账

明细账也称明细分类账,是根据总账科目所属的明细科目设置的,用于分类登记某一类经济业务事项,提供有关明细核算资料。明细账可采用订本式、活页式、三栏式、多栏式、数量金额式。

1. 明细账格式设置　可参照现金日记账格式进行设置,并自行设置某一科目明细账,如其他应收款明细账、原材料明细账。根据账户要求不同可以设置为三栏式、数量金额式、多栏式等,如图 6-17 所示。

图 6-17　明细账格式

2. 公式设置　参照现金日记账,记录需要按照日期逐笔输入,图 6-17 H4 单元格为期初余额可输入。

H5 单元格余额公式可设置为"=IF(E5="",0,IF(OR(E5="过次页",E5="承前页",E5="本月合计",E5="本年累计"),H4,IF(D5="借",H4+F5-G5,H4-F5+G5)))"。

公式说明:

使用了 IF 函数进行条件判断,如果摘要列为空,则不进行余额计算;否则如果摘要列为"承前页、过次页、本月合计、本年累计"则直接去上一行余额;否则进行余额计算,如果该账户余额方向为借方,则明细账余额为"H4+F5-G5",如果账户余额方向为贷方,则明细账余额为"H4-F5+G5"。

> 注意:和日记账不同的是,登记现金或银行存款日记账,余额方向都为借方,因此无需判断,而明细账科目余额可能出现借方或者贷方,因此需要判断,要求"余额方向"列必须选择或填写。同时明细账一般不需要进行本日合计计算,只需进行本月合计和本年累计计算即可。

6.5 利用分类汇总功能计算发生额与余额

使用分类汇总计算总账科目和明细科目发生额与余额,应当首先对该科目进行排序,然后进行分类汇总。

对"记账凭证表"中的数据按照总账科目进行分类汇总,基本操作如下:

[1] 选择【数据】菜单下【排序】项,按照总账科目代码排序,如图 6-18 所示。

图 6-18 总账科目排序

[2] 点击"确定",排序结果如图 6-19 所示。

	C	D	E	F	G	H	I	J	K	L	M
1	摘要	科目代	账科目	科目名称	借方金额	贷方金额	数量	单	客户或者供应	部门	项目
2	提取现金	1001	1001	库存现金	1,000.00						
3	购买办公用品	1001	1001	库存现金		500.00					
4	出差借款	1001	1001	库存现金		2,500.00					
5	提取现金	100201	1002	工商银行		1,000.00					
6	销售原材料	100201	1002	工商银行	2,000.00						
7	销售商品	1122	1122	应收账款	20,000.00				北京红都公司		

图 6-19 排序结果

[3] 选择 A1 单元格,点击【数据】菜单下【分类汇总】项,选择分类字段为"总账科目代码",如图 6-20 所示。

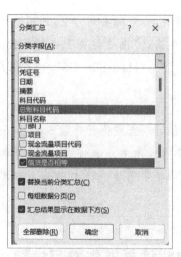

图 6-20 分类汇总条件

第 6 章　利用 Excel 编制会计账簿

[4] 点击"确定",分类汇总结果如图 6-21 所示。

图 6-21　分类汇总结果

6.6　会计账簿的保护与撤销

对会计账簿进行保护就是当打开或者修改会计账簿时,系统要求输入密码,如果密码输入不正确,将不允许打开或修改此工作簿。主要包括对工作簿保护和对工作表保护。

1. 对工作簿保护　如要保护"会计科目、凭证与账簿.xls"工作簿,其基本操作步骤如下:

[1] 打开要保护的工作簿"会计科目、凭证与账簿.xls"。

[2] 选择【文件】菜单"另存为"命令,选择"工具"下的"常规选项"。

[3] 点击"常规选项",输入打开及修改权限密码,如图 6-22 所示。

图 6-22　设定权限密码

[4] 点击"确定",系统要求确认打开密码和修改密码,如图 6-23 所示。

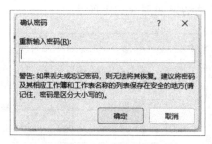

图 6-23　确认密码

［5］确认并保存，系统提示"文件已经存在，是否替换"，选择替换即可，重新打开"会计科目、凭证与账簿.xls"文件，系统要求输入打开及修改密码，如果只输入打开密码，修改密码不输入，可以选择"只读"打开，这时文件以只读方式打开，不允许修改，如图 6-24 所示。

图 6-24　只读方式打开

2．对工作簿中的工作表进行保护　如对"会计科目、凭证与账簿.xls"中的"会计科目表"进行保护，其基本操作步骤如下：

［1］打开"会计科目、凭证与账簿.xls"工作簿，选择"会计科目表"。

［2］选择【工具】菜单下的"保护"下的"工作表保护"命令，输入密码，如图 6-25 所示。

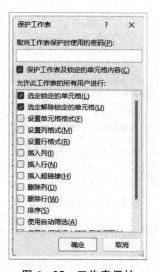

图 6-25　工作表保护

［3］输入取消工作表保护时使用密码,选定下面允许用户进行的项目,确定即可。

［4］修改工作表不允许操作的项目时,系统会提示错误。

6.7 本章小结

会计账簿主要包括日记账、总账和明细账,利用 Excel 强大的公式和函数功能,以及数据分类汇总功能,进行会计账簿的编制,能够提高工作效率。

本章主要介绍了利用 Excel 编制日记账、资金日报表、总账和明细账,并讲解了使用分类汇总功能进行科目发生额和余额的汇总,同时阐述了对于已经形成数据的会计账簿如何进行保护。用户应当掌握 Excel 的这些数据处理功能,以便应用于实务工作。

第 7 章
利用 Excel 编制会计报表

各个单位期末需要按照会计准则和制度的要求报送财务报表,反映一定期间财务状况、经营成果和现金流量,用以提供决策有用信息。对于没有实现电算化的企业,利用 Excel 编制报表能够提高效率。

本章要点:
- 利用 Excel 编制资产负债表
- 利用 Excel 编制利润表
- 利用 Excel 编制现金流量表

7.1 会计报表概述

会计报表是根据日常会计核算资料定期编制的,综合反映企业某一特定日期财务状况和某一会计期间经营成果、现金流量的总结性书面文件,是企业财务报告的主要部分,是企业向外传递会计信息的主要手段。一套完整的财务报表至少应当包括"四表一注",即资产负债表、利润表、现金流量表、所有者权益(或股东权益,下同)变动表以及附注。

按反映的内容,可以分为动态会计报表和静态会计报表。动态会计报表是反映一定时期内经营成果和现金流量的会计报表,比如:利润表反映企业一定时期内所实现的经营成果,现金流量表反映一定时期内现金的流入、流出及净增加数。静态会计报表反映一定日期资产和权益总额的会计报表,比如:资产负债表反映企业某一时点上的资产、负债和所有者权益的情况。

按编报的时间,可以分为月度报表、季度报表、半年报表和年度报表。

按编制的单位,可以分为单位报表和汇总报表。

按编制的范围,可以分为个别会计报表和合并会计报表。

按服务的对象,可以分为对内报表和对外报表。

本章结合前面几章内容,利用 Excel 对企业常用的资产负债表、利润表和现金流量表的编制进行讲解。

7.2 利用 Excel 编制资产负债表

资产负债表反映的是企业某一时点的财务状况,在实务应用中各个企业要求每月编制资产负债表。资产负债表的数据是各项余额,不是发生额,一般来源于总账及明细账各账户数据或者根据总账及明细账各账户数据加减乘除计算得来,实务利用 Excel 编制时,其数据也可以根据科目汇总表填制。

7.2.1 资产负债表格式

资产负债表由资产、负债及所有者权益各账户构成,反映的是企业某一时点(如 2022 年 2 月 28 日)为止的财务状况。账户式资产负债表的一般格式如图 7-1 所示:

图 7-1 资产负债表格式

7.2.2 资产负债表填制方法

从资产负债表的结构上来看,年初数只需在年初时录入,也可在总账或者科目汇总表中获取年初数据或上年年末数据。

资产负债表"期末余额"栏一般应根据资产、负债和所有者权益类科目的期末余额填列,具体表现为:

1. 根据总账科目的余额填列 "交易性金融资产""工程物资""固定资产清理""递延所

得税资产""短期借款""交易性金融负债""应付票据""应付职工薪酬""应交税费""应付利息""应付股利""其他应付款""专项应付款""预计负债""递延所得税负债""实收资本(或股本)""资本公积""库存股""盈余公积"等项目,应根据有关总站科目的余额填列;"货币资金"项目,应根据"库存现金""银行存款""其他货币资金"三个总账科目余额的合计数填列。

2. 根据明细账科目的余额计算填列 "开发支出"项目,应根据"研发支出"科目中所属的"资本化支出"明细科目期末余额填列;"应付账款"项目,应根据"应付账款"和"预付账款"科目所属的相关明细科目的期末贷方余额合计数填列;"一年内到期的非流动资产""一年内到期的非流动负债"项目,应根据有关非流动资产或负债项目的明细科目余额分析填列;"长期借款""应付债券"项目,应分别根据"长期借款""应付债券"科目的明细科目余额分析填列;"未分配利润"项目中所属的"未分配利润"明细科目期末余额填列。

3. 根据总账科目和明细账科目的余额分析计算填列 "长期借款"项目,需根据"长期借款"总账科目余额扣除"长期借款"科目所属的明细科目中将自资产负债表日起一年内到期、且企业不能自主地将清偿义务展期的长期借款后的金额计算填列;"长期待摊费用"项目,应根据"长期待摊费用"科目的期末余额减去将于一年内(含一年)摊销的数额后的金额填列;"其他非流动负债"项目,应根据有关科目的期末月减去将于一年内(含一年)到期偿还数后的金额填列。

4. 根据有关科目余额减去其备抵科目余额后的净额填列 "可供出售金融资产""持有至到期投资""长期股权投资""在建工程""商誉"项目,应根据相关科目的期末余额填列,已计提减值准备的,还应扣减相应的减值准备;"固定资产""无形资产""投资性房地产""生产性生物资产""油气资产"项目,应根据相关科目的期末余额扣减相关的累计折旧(或摊销、折耗)填列,已计提减值准备的,还应扣减相应的减值准备,采用公允价值计量的上述资产,应根据相关科目的期末余额填列;"长期应收款"项目,应根据"长期应收款"科目的期末余额,减去相应的"未实现融资费用"科目和"坏账准备"科目所属相关明细科目期末余额后的金额填列;"长期应付款"项目,应根据"长期应付款"科目的期末余额,减去相应的"未确认融资费用"科目期末余额后的金额填列。

5. 综合运用上述填列方法分析填列 主要包括:"应收票据""应收利息""应收股利""其他应收款"项目,应根据相关科目的期末余额,减去"坏账准备"科目中有关坏账准备期末余额后的金额填列;"应收账款"项目,应根据"应收账款"和"预收账款"科目所属各明细科目的期末借方余额合计数,减去"坏账准备"科目中有关应收账款计提的坏账准备期末余额后的金额填列;"预付款项"项目,应根据"预付账款"和"应付账款"科目所属各明细科目的期末借方余额合计数,减去"坏账准备"科目中有关预付款项计提的坏账准备期末余额后的金额填列;"存货"项目,应根据"材料采购""原材料""发出商品""库存商品""周转材料""委托加工物资""生产成本""受托代销商品"等科目的期末余额合计,减去"受托代销商品款""存货跌价准备"科目期末余额后的金额填列,材料采用计划成本核算,以及库存商品采用计划成本核算或售价核算的企业,还应按加或减材料成本差异、商品进销差价后的金额填列。

7.2.3 利用 Excel 设置资产负债表公式

按照上述思路,结合前面章节的实例,资产负债表各项目公式设置如下:

1. 所有科目的年初数　可以直接从"会计科目表"中的年初余额复制得来,也可以设置取数公式获取。以设置取数公式为例,首先在"总账"工作表中插入一列,命名为"年初余额",选中年初余额列的 D3 单元格,输入公式"=IF(C3="借",J3-H3+I3,J3+H3-I3)",并快速复制到整个 D 列,完成年初余额公式计算。

资产负债表中货币资金年初数,即 B5 单元格,公式为"=总账!D3+总账!D4+总账!D5",即现金、银行存款和其他货币资金年初数合计。

交易性金融资产总账中无此账户,可不设置。

应收票据年初数 B7 单元格公式为"=总账!D6"。

应收账款年初数 B8 单元格公式为"=总账!D7-总账!D10",该公式表示资产负债表中的应收账款应当是应收账款年初数扣除坏账准备的净额数。

预付账款年初数,公式为"=总账!D8"。

存货年初数的确定,公式为"=总账!D11+总账!D12+总账!D13-总账!D14+总账!D38",公式解释为:存货年初数等于"在途物资+原材料+库存商品-存货跌价准备+生产成本"的年初余额。

流动资产合计年初数,公式为"=SUM(B5:B15)"。

固定资产年初数,公式为"=总账!D15-总账!D16-总账!D17",即"固定资产-累计折旧-固定资产减值准备"。

在建工程年初数,公式为"=总账!D18"。

固定资产清理年初数,公式为"=总账!D19"。

无形资产年初数,公式为"=总账!D20-总账!D21-总账!D22",即"无形资产-累计摊销-无形资产减值准备"。

非流动资产合计年初数公式为"=SUM(B18:B34)";资产总计年初数公式为"=B16++B35"。

依此类推,完成负债及所有者权益项目的年初数公式设置。

2. 期末数设置　按照上面年初数设置的原理,进行期末数公式设置,数据需要提取"总账"工作表中的期末余额。以货币资金为例,C5 单元格公式为"=总账!J3+总账!J4+总账!J5",其他单元格公式比照上述进行设置。

值得注意的是"未分配利润"期末数可以根据"利润分配—未分配利润"账户期末余额填制,也可以根据利润分配表中的未分配利润填制,本章简化起见,假设单位利润不提取盈余公积和股利,按照"利润分配"期末数进行了填列,实际工作中用户自行判断设置。

📖 注意：上述公式要求"总账"工作表与资产负债表在一个工作簿内，如果不在一个工作簿内，如总账在"会计科目、凭证与账簿.xls"工作簿内，则需要使用工作簿之间取数，公式为"=[会计科目、凭证与账簿.xls]总账！D3"，并且要求"会计科目、凭证与账簿.xls"工作簿是打开的。

设置完取数公式，资产负债表显示结果如图7-2所示。

A	B	C	D	E	F
资产负债表					
企业名称：		2022年2月28日			单位：元
资产	年初数	期末数	负债及所有者权益	年初数	期末数
流动资产：			流动负债		
货币资金	201,000.00	253,000.00	短期借款	76,000.00	76,000.00
交易性金融资产			交易性金融负债		
应收票据	0.00	0.00	应付票据	0.00	0.00
应收帐款	0.00	20,000.00	应付帐款	0.00	50,000.00
预付帐款	0.00	0.00	预收帐款		
应收利息			应付职工薪酬	0.00	0.00
应收股利			应交税费	0.00	0.00
其他应收款			应付利息		
存货	100,000.00	89,200.00	应付股利		
一年内到期的非流动资产			其他应付款	0.00	0.00
其他流动资产			一年内到期的非流动负债		
流动资产合计	301,000.00	362,200.00	其他流动负债		
非流动资产：			流动负债合计：	76,000.00	126,000.00
可供出售金融资产			非流动负债：		
持有至到期投资			长期借款		
长期应收款			应付债券		
长期股权投资			长期应付款		
投资性房地产			专项应付款		
固定资产	275,000.00	270,000.00	预计负债		
在建工程	0.00	0.00	递延所得税负债		
工程物资			其他非流动负债		
固定资产清理	0.00	0.00	非流动负债合计：	0.00	0.00
生产性生物资产			负债合计：	76,000.00	126,000.00
油气资产			所有者权益：		
无形资产	0.00	0.00	实收资本	500,000.00	500,000.00
开发支出			资本公积		
商誉			减：库存股		
长期待摊费用			盈余公积		
递延所得税资产			未分配利润	0.00	6,200.00
其他非流动资产			所有者权益合计	500,000.00	506,200.00
非流动资产合计：	275,000.00	270,000.00			
资产总计	576,000.00	632,200.00	负债及所有者权益总计	576,000.00	632,200.00

图 7-2 取数结果

7.3 利用 Excel 编制利润表

利润表是反映一定期间经营成果的报表，由损益类科目构成，可以从总账或科目汇总表中取数，但其数据取发生数和累计发生数，不取余额。时间单元一般截止到月份（如2022年2月），利润表格式如图7-3所示。

第 7 章　利用 Excel 编制会计报表

图 7-3　利润表格式

7.3.1　利润表填列方法

利润表"本期金额"栏和"上期金额"栏的填列方法：

"本期金额"栏根据"营业收入""营业成本""营业税金及附加""销售费用""管理费用""财务费用""资产减值损失""公允价值变动收益""营业外收入""营业外支出""所得税费用"等损益类科目的发生额分析填列。其中，"营业利润""利润总额""净利润"项目根据本表中相关项目计算填列。

> 注意：营业收入为"主营业务收入"和"其他业务收入"合计数；营业成本为"主营业务成本"和"其他业务支出"合计数。

本表中的"上期金额"栏应根据上年该期利润表"本期金额"栏内所列数字填列。如果上年该期利润表规定的各个项目的名称和内容同本期不相一致，应对上年该期利润表各项目的名称和数字按本期的规定进行调整，填入"上期金额"栏。

7.3.2　利用 Excel 设置利润表公式

结合前面章节记账凭证数据，按照利润表填制方法的原理，利润表公式设置如下：

1. 本期金额　本期金额是指本期各个损益类账户的发生数，一般来说收入类为贷方发生数，成本费用类为借方发生数。

营业收入栏目本期金额，即 B5 单元格，公式为"＝总账！G40＋总账！G41"，即总账中主营业务收入和其他业务收入贷方发生额合计。

营业成本栏目本期金额，即 B6 单元格，公式为"＝总账！F43＋总账！F44"，即总账中主营业务成本和其他业务支出借方发生额合计。

营业税金及附加栏目本期金额，即 B7 单元格，公式为"＝总账！F45"，即总账中营业税金及附加借方发生额。

销售费用栏目本期金额，即 B8 单元格，公式为"＝总账！F46"，即总账中销售费用借方发生额。

管理费用栏目本期金额，即 B9 单元格，公式为"＝总账！F47"，即总账中管理费用借方发生额。

财务费用栏目本期金额，即 B10 单元格，公式为"＝总账！F48"，即总账中财务费用借方发生额。

营业利润栏目金额，即 B15 单元格，公式为"＝B5－B6－B7－B8－B9－B10－B11＋B12＋B13"。

营业外收入栏目本期金额，即 B16 单元格，公式为"＝总账！G42"，即总账中营业外收入贷方发生额。

营业外支出栏目本期金额，即 B17 单元格，公式为"＝总账！F49"，即总账中营业外支出借方发生额。

利润总额栏目金额，即 B19 单元格，公式为"＝B15＋B16－B17"。

所得税费用栏目本期金额，即 B20 单元格，公式为"＝总账！F50"，即总账中所得税费用借方发生额。

净利润栏目金额，即 B21 单元格，公式为"＝B19－B20"。

2. 上期金额 "上期金额"栏应根据上年该期利润表"本期金额"栏内所列数字填列，公式取值应当取上年该期利润表的"本期金额"对应栏目数据，操作方法同上，这里不再重复。

> 注意：上述公式要求"总账"工作表与利润表在一个工作簿内，如果不在一个工作簿内，如总账在"会计科目、凭证与账簿.xls"工作簿内，则需要使用工作簿之间取数，公式为"＝[会计科目、凭证与账簿.xls]总账！G40"，并且要求"会计科目、凭证与账簿.xls"工作簿是打开的。

利润表取数结果如图 7-4 所示。

7.4 利用 Excel 编制现金流量表

现金流量表是反映企业一定会计期间现金和现金等价物流入和流出的报表，以现金及现金等价物为基础编制，划分为经营活动、投资活动和筹资活动，按照收付实现制原则编制，将权责发生制下的盈利信息调整为收付实现制下的现金流量信息。

7.4.1 现金流量表格式与编制方法

现金流量表格式（部分截图）如图 7-5 所示。

利润表

会企02表
编制单位： 2022年2月 单位元

项目	本期金额	上期金额（略）
一、营业收入	22000	
减：营业成本	10800	
营业税金及附加	0	
销售费用	500	
管理费用	4500	
财务费用	0	
资产减值损失		
加：公允价值变动收益（损失以"-"号填列）		
投资收益（损失以"-"号填列）		
其中：对联营企业和合营企业的投资收益		
二、营业利润（亏损以"-"号填列）	6200	
加：营业外收入	0	
减：营业外支出	0	
其中：非流动资产处置损失		
三、利润总额（亏损总额以"-"号填列）	6200	
减：所得税费用	0	
四、净利润（净亏损以"-"号填列）	6200	
五、每股收益		
（一）基本每股收益		
（二）稀释每股收益		
六、其他综合收益		
七、综合收益总额		

图 7-4 利润表数据

现金流量表

2022 年 2 月
编制单位： 单位：元

项目	本期金额	上期金额
一、经营活动产生的现金流量：		
销售商品、提供劳务收到的现金		
收到的税费返还		
收到其他与经营活动有关的现金		
经营活动现金流入小计		
购买商品、接受劳务支付的现金		
支付给职工以及为职工支付的现金		
支付的各项税费		
支付其他与经营活动有关的现金		
经营活动现金流出小计		
经营活动产生的现金流量净额		
二、投资活动产生的现金流量：		
收回投资收到的现金		
取得投资收益收到的现金		
处置固定资产、无形资产和其他长期资产收回的现金净额		
处置子公司及其他营业单位收到的现金净额		
收到其他与投资活动有关的现金		
投资活动现金流入小计		
购建固定资产、无形资产和其他长期资产支付的现金		
投资支付的现金		
取得子公司及其他营业单位支付的现金净额		
支付其他与投资活动有关的现金		
投资活动现金流出小计		
投资活动产生的现金流量净额		
三、筹资活动产生的现金流量：		
吸收投资收到的现金		
取得借款收到的现金		
收到其他与筹资活动有关的现金		
筹资活动现金流入小计		
偿还债务支付的现金		
分配股利、利润或偿付利息支付的现金		
支付其他与筹资活动有关的现金		
筹资活动现金流出小计		
筹资活动产生的现金流量净额		
四、汇率变动对现金及现金等价物的影响		
五、现金及现金等价物净增加额		
加：期初现金及现金等价物余额		
六、期末现金及现金等价物余额		

图 7-5 现金流量表格式

7.4.2 现金流量表编制方法

编制现金流量表时,列报经营活动现金流量的方法有两种:一是直接法,二是间接法。

所谓直接法,是指按现金收入和现金支出的主要类别直接反映企业经营活动产生的现金流量,如销售商品、提供劳务收到的现金;购买商品、接受劳务支付的现金等就是按现金收入和支出的类别直接反映的。在直接法下,一般是以利润表中的营业收入为起算点,调节与经营活动有关的项目的增减变动,然后计算出经营活动产生的现金流量。

所谓间接法,是指以净利润为起算点,调整不涉及现金的收入、费用、营业外收支等有关项目,剔除投资活动、筹资活动对现金流量的影响,据此计算出经营活动产生的现金流量。由于净利润是按照权责发生制原则确定的,且包括了与投资活动和筹资活动相关的收益和费用,将净利润调节为经营活动现金流量,实际上就是将按权责发生制原则确定的净利润调整为现金净流入,并剔除投资活动和筹资活动对现金流量的影响。

7.4.3 利用 Excel 设置公式

现金流量表数据可以通过分析资产负债表和利润表获取,也可以通过记账凭证数据获取。本节采用直接法、利用记账凭证数据编制现金流量表,为了便于系统能够自动识别现金流入和现金流出时属于经营活动、投资活动或是筹资活动,需要在记账凭证填制时记录业务属于哪一类活动。

1. 建立现金流量项目对照表 打开"辅助管理表"(该表为教材演示建立好的工作表),建立现金流量对照表(用户也可自行建立一个现金流量对照表),增加"现金流量项目和现金流量项目代码",并录入各个项目,如图 7-6 所示。

N	O
现金流量代码	现金流量项目
101	销售商品、提供劳务收到的现金
102	收到的税费返还
103	收到其他与经营活动有关的现金
111	购买商品、接受劳务支付的现金
112	支付给职工以及为职工支付的现金
113	支付的各项税费
114	支付其他与经营活动有关的现金
201	收回投资收到的现金
202	取得投资收益收到的现金
203	处置固定资产、无形资产和其他长期资产收回的现金净额
204	处置子公司及其他营业单位收到的现金净额
205	收到其他与投资活动有关的现金
211	购建固定资产、无形资产和其他长期资产支付的现金
212	投资支付的现金
213	取得子公司及其他营业单位支付的现金净额
214	支付其他与投资活动有关的现金
301	吸收投资收到的现金
302	取得借款收到的现金
303	收到其他与筹资活动有关的现金
311	偿还债务支付的现金
312	分配股利、利润或偿付利息支付的现金
313	支付其他与筹资活动有关的现金
401	汇率变动对现金及现金等价物的影响

图 7-6 现金流量对照表

第 7 章 利用 Excel 编制会计报表

2. 对现金流量对照表指定名称 选定"现金流量代码"列 N 列,点击【插入】菜单下【名称】下的"指定"功能,指定名称为首行文字。这样 N 列名称被命名为"现金流量代码"。

3. 进入"记账凭证表"中,追加两列"现金流量代码"和"现金流量项目",如图 7-7 所示。

图 7-7 记账凭证表插入列

4. 选择图 7-7 中的 N 列,点击【数据】菜单下【数据验证】项,设置来源为"=现金流量代码"。注意"现金流量代码"是对照表中指定的名称,如图 7-8 所示。

图 7-8 有效性设置

5. 录入凭证时,选择现金流量代码,自动出现现金流量项目,如图 7-7 所示。

6. 选择现金流量表,进行本期金额设置:

(1) 选择"销售商品、提供劳务收到的现金"本期金额单元格,即 B6 单元格,输入公式"=SUMIF([会计科目、凭证与账簿.xls]记账凭证表!＄N＄2:＄N＄2000,"101",[会计科目、凭证与账簿.xls]记账凭证表!＄G＄2:＄G＄2000)"。

公式说明:

指在"记账凭证表"中 N2:N2000 区域查找"101"代码(即现金流量代码),由于现金流入项目,找到后汇总借方发生额区域,即 G2:G2000。

由于本例中现金流量表和记账凭证分属不同工作簿,因此必须使用"[会计科目、凭证与账簿.xls]记账凭证表!＄N＄2:＄N＄2000"进行引用,引用时要求"会计科目、凭证与账簿.xls"工作簿必须打开。

同样方法对其他经营活动现金流入项目进行设置,需要对查找代码依次改为"102""103"等。

(2) 选择"购买商品、接受劳务支付的现金"本期单元格,即 B10 单元格,输入公式"=SUMIF([会计科目、凭证与账簿.xls]记账凭证表!＄N＄2:＄N＄2000,"111",[会计科目、

凭证与账簿.xls]记账凭证表!＄H＄2:＄H＄2000)"。

公式说明:

查找区域没有变化,查找现金流量项目代码变更为"111",由于是经营活动现金支出项目,因此找到后汇总区域为贷方发生额区域,即H2:H2000。

同样方法对其他经营活动现金流出项目进行设置,需要对查找代码依次改为"112""113"等。

(3) 对于"经营活动现金流入小计",即 B9 单元格公式设置为"＝SUM(B6:B8)";对于"经营活动现金流出小计",即 B14 单元格公式设置为"＝SUM(B10:B13)";对于"经营活动产生的现金流量净额",即 B15 单元格公式设置为"＝B9－B14"。

同样道理设置"投资活动现金流入小计""投资活动现金流出小计""投资活动产生的现金流量净额""筹资活动现金流入小计""筹资活动现金流出小计""筹资活动产生的现金流量净额"。"汇率变动对现金及现金等价物的影响"栏目"记账凭证"没有记录数据的,可以手工输入,能够找到数据的,按照上述方法进行。

(4) 对于"现金及现金等价物净增加额"栏目,公式为"＝B15＋B28＋B38＋B39",注意 B39 为"汇率变动对现金及现金等价物的影响",如果是现金流出要按负数填入。

对于"期初现金及现金等价物余额",可按照上期现金流量表"期末余额"填列,首次使用 Excel 编制现金流量表的,可手工输入。

对于"期末现金及现金等价物余额",公式为"＝B40＋B41"。

设置完公式现金流量表如图 7-9 所示。

现金流量表	
2022 年2月	
编制单位:	单位:元
项 目	本期金额
一、经营活动产生的现金流量:	
销售商品、提供劳务收到的现金	0
收到的税费返还	0
收到其他与经营活动有关的现金	3000
经营活动现金流入小计	3000
购买商品、接受劳务支付的现金	0
支付给职工以及为职工支付的现金	0
支付的各项税费	0
支付其他与经营活动有关的现金	4000
经营活动现金流出小计	4000
经营活动产生的现金流量净额	-1000
二、投资活动产生的现金流量:	
收回投资收到的现金	0
取得投资收益收到的现金	0
处置固定资产、无形资产和其他长期资产收回的现金净额	0
处置子公司及其他营业单位收到的现金净额	0
收到其他与投资活动有关的现金	0
投资活动现金流入小计	0
购建固定资产、无形资产和其他长期资产支付的现金	0
投资支付的现金	0
取得子公司及其他营业单位支付的现金净额	0
支付其他与投资活动有关的现金	0
投资活动现金流出小计	0
投资活动产生的现金流量净额	0
三、筹资活动产生的现金流量:	
吸收投资收到的现金	0
取得借款收到的现金	0
收到其他与筹资活动有关的现金	0
筹资活动现金流入小计	0
偿还债务支付的现金	0
分配股利、利润或偿付利息支付的现金	0
支付其他与筹资活动有关的现金	0
筹资活动现金流出小计	0
筹资活动产生的现金流量净额	0
四、汇率变动对现金及现金等价物的影响	
五、现金及现金等价物净增加额	-1000
加:期初现金及现金等价物余额	
六、期末现金及现金等价物余额	0

图 7-9 现金流量表数据

7.5 本章小结

本章详细讲解了利用 Excel 编制资产负债表、利润表和现金流量表的过程,其中包括格式设计、公式设置和引用。

资产负债表反映的是企业某一时点的财务状况,实际应用中各个企业都要求编制资产负债表。利用 Excel 编制资产负债表时,数据来源于各个科目汇总的金额,也可以利用条件求和函数在凭证列表中获取,本章即是按照后者进行的处理,用户可以自行练习使用其他方法编制资产负债表。

利润表是反映某一期间经营成果的报表,利用 Excel 编制利润表时,损益类科目发生额可以按照科目汇总表进行,也可以利用条件求和函数在记账凭证列表中计算获取,本章按照后者进行处理,用户可以自行练习使用其他方法编制利润表。

现金流量表反映的是某一期间的现金净流量,编制方法可以使用工作底稿法,也可以采用记账凭证录入法,即在录入凭证时涉及货币资金的科目,需要确定该笔业务属于哪种活动引起的现金流量,编制现金流量表时直接从凭证列表中获取相应数据即可,本章采用后者进行编制,用户通过学习可以自行练习使用其他方法编制现金流量表。

第 8 章
利用 Excel 进行财务报表分析

财务报表分析以财务报表和其他相关资料为依据和起点,采用各种分析方法和技巧,系统地分析和评价企业的财务状况、经营成果和现金流量状况,为投资者、经营管理者、债权人和社会其他各界的经济预测或者决策提供依据。Excel 提供了强大的报表数据处理功能,本章详细讲解如何利用 Excel 进行财务报表分析。

本章要点:
- 财务报表分析方法
- 利用 Excel 进行比较分析
- 利用 Excel 进行比率分析
- 利用 Excel 进行趋势分析
- 利用 Excel 进行综合分析

8.1 财务报表分析方法

企业进行财务分析的方法主要有比较分析法、比率分析法、趋势分析法及综合分析法等。

8.1.1 比较分析法

比较分析法又称为对比分析法,这种方法可以将企业某项财务指标的变化进行对比,计算出变动值,结合其他分析方法寻找变动的原因。比较的数据可以是绝对数,也可以是相对数,比较分析法有以下三种:

1. 实际与计划比较　可以揭示实际与计划的差异,了解计划的完成情况和程度,为寻找原因和后期计划的制定提供依据。

2. 同一指标横向比较　是针对同期本企业与同行业相关企业的比较,了解该企业在整个行业中的优势和差距。

3. 同一指标纵向比较　是指同一指标在不同时间上的对比,一般用本期实际指标与历史指标进行对比,可以确定企业不同时期财务指标的变动情况,了解和掌握企业经营状况和财务成果的变动趋势。

8.1.2 比率分析法

比率分析法是把同一报表的不同项目或者不同报表的相互关联项目加以对比,从而计算出各种不同经济含义的比率,揭示公司财务状况和经营成果的一种方法。实际中常用的比率指标有四类:偿债能力分析指标、营运能力分析指标、盈利能力分析指标和现金流量分析指标。

1. 偿债能力指标　是判断企业清偿债务能力的重要依据,主要包括短期偿债能力和长期偿债能力指标。

(1) 短期偿债能力指标

- 流动比率,计算公式:流动资产/流动负债,该指标体现企业短期偿债能力,数值越大,短期偿债能力越强,不是越大越好,过大则表明资金利用率低。

- 速动比率,计算公式:(流动资产－存货－预付账款)/流动负债,该指标更能体现出短期偿债能力,因为扣除了变现能力弱的存货和不能直接用于偿债的预付账款。

- 现金比率,计算公式:现金及现金等价物/流动负债,其中现金及现金等价物包括现金、银行存款和期限在三个月内的交易性金融资产,该指标数值越大,反映企业不影响正常营运活动的情况下偿债能力强。

(2) 长期偿债能力指标

- 资产负债率,计算公式:负债总额/资产总额,该指标显示债权人权益占总资产的比重,数值越大,说明公司举债经营能力强,积极应用了财务杠杆效应,但是总资产偿债能力弱,财务风险大。

- 股东权益比率,计算公式:股东权益总额/资产总额,该指标称为权益比率,反映企业总资产中所有者所占份额,比率越大,股东提供的资本越多,偿债能力强,财务风险越小。但从股东角度,比率越高表明企业没有积极利用财务杠杆的作用举债运营。

- 权益乘数,计算公式:资产总额/股东权益总额,该指标是权益比率的倒数,权益乘数越大,表明股东权益少、负债大,能给企业带来较大的杠杆利益,但是财务风险较大。

- 负债股权比率,计算公式:负债总额/股东权益总额,该指标又称为产权比率,产权比率反映企业资本结构是否合理稳定,表明了股东权益对债权人权益的保障程度。比率越大说明负债比率越高,偿债能力风险越大,是高风险、高报酬的资本结构。

- 有形净值债务率,计算公式:负债总额/(股东权益－无形资产净额),该指标是产权比率指标的延伸,更为谨慎保守地反映在企业清算时债权人投入的资本受到股东权益的保障程度,不考虑无形资产的偿债价值。

- 已获利息利倍数,计算公式:(税前利润＋利息费用)/利息费用,该指标反映企业当期的经营收益能在多大程度上满足当期利息费用偿付的需要,比率越大说明盈利能力越强,利息费用偿还能力也强。

2. 营运能力指标　是反映企业资金周转状况的指标,资金周转状况越好,企业资金利用率越高,具体指标表现为:

- 存货周转率,计算公式:营业成本/平均存货,其中"平均存货＝(期初存货余额＋期末存货余额)/2"。该指标越高说明存货周转快,企业管理存货能力和销售能力越强,存货占

用的资金成本就越低。

- 应收账款周转率,计算公式:赊销收入净额/平均应收账款余额,其中赊销收入净额也可以使用营业收入来代替,"平均应收账款余额=(期初应收账款余额+期末应收账款余额)/2"。该指标越高说明收账能力强,应收账款占用资金少,资金管理水平高,实际工作中赊销收入不好界定时可用营业收入代替。

- 流动资产周转率,计算公式:营业收入/平均流动资产余额,其中"平均流动资产余额=(期初流动资产余额+期末流动资产余额)/2"。该指标反映流动资产周转速度,数值越大则流动资产周转速度越快,会相对节约流动资产,相当于扩大资产的投入,增强企业的盈利能力。

- 固定资产周转率,计算公式:营业收入/平均固定资产净额,其中"平均固定资产净额=(期初固定资产净额+期末固定资产净额)/2"。该指标反映固定资产的利用率,数值越大,说明固定资产周转速度越快,闲置越少,利用率越高。

- 总资产周转率,计算公式:营业收入/平均资产总额,其中"平均资产总额=(期初资产总额+期末资产总额)/2"。该指标反映总资产的周转速度,周转越快,说明销售能力越强。企业可以采用薄利多销的方法,加速资产周转,带来利润绝对额的增加。

3. 盈利能力指标 反映企业获取利润、资金不断增值的能力,不论是投资者、债权人还是企业管理者都会非常重视该指标,主要包括:

- 销售毛利率,计算公式:(营业收入-营业成本)/营业收入,该指标反映了企业获取毛利的能力,结合销售净利率可以分析企业期间费用的发生状况。

- 销售净利率,计算公式:净利润/营业收入,该指标反映了企业获得净利润的能力,比率越高说明企业获利能力越强。

- 成本费用利润率,计算公式:利润总额/成本费用总额,其中"成本费用总额=营业成本+营业税金及附加+销售费用+管理费用+财务费用",该指标越高,表明企业为获取利润付出的代价越小,成本费用的控制越好,盈利能力也越强。

- 总资产报酬率,计算公式:息税前利润总额/平均资产总额,其中"息税前利润总额=利润总额+利息支出,平均资产总额=(期初资产总额+期末资产总额)/2",该指标越高,表明企业的资产利用效率越高,整个企业盈利能力越强。

- 净资产收益率,计算公式:净利润/平均净资产,其中"平均净资产=(期初所有者权益金额+期末所有者权益金额)/2",该指标越高,企业自有资本获利能力越强。

4. 现金流量分析指标 主要考察和评价企业的支付能力和偿还能力,主要包括:

- 销售获现率,计算公式:销售商品、提供劳务收到现金/主营业务收入,该指标越接近1,说明企业销售获取现金能力强,收款工作得力。

- 到期债务本息偿付比率,计算公式:经营活动现金净流量/(本期到期债务本金+现金利息支出),该指标反映企业利用现金偿还到期债务能力,越高表明偿还能力越强。

- 每股现金流量,计算公式:(经营活动产生的现金净流量-优先股股利)/普通股股数,该指标反映普通股产生现金流量的能力,越高表明普通股获取现金能力越强。

8.1.3 趋势分析法

趋势分析法是将连续数期财务报告中相同指标进行对比,确定各期有关项目增减变动的情况和趋势,用以说明企业财务状况和经营成果变动趋势的一种分析方法,该方法要求至少应当考察三期以上的数据。趋势分析法主要有三种比较方式:

1. 重要财务指标趋势分析　主要是将不同时期财务报告中相同的重要财务指标或比率进行比较,观察其增减变动幅度及趋势,主要有两种比率:定基动态比率和环比动态比率,计算公式为:

- 定基动态比率＝分析期指标/固定基期指标
- 环比动态比率＝分析期指标/分析前期指标

2. 会计报表的项目趋势分析　是将连续数期的会计报表有关项目的数字并行排列,比较相同指标的增减变动金额和幅度,据以判断企业财务状况与经营成果发展趋势的一种方法。一般通过编制比较资产负债表、比较利润表及比较现金流量表进行,计算出各有关项目增减变动的金额及变动百分比。

3. 会计报表项目构成百分比趋势分析　该方法以会计报表中某一总体指标为基数,计算出报表各构成项目占总体指标的百分比,用来比较各个项目百分比的增减变动,判断其发展趋势。

8.1.4 综合分析法

前述比率分析方法仅从某一个方面分析企业财务状况和经营成果,无法揭示各种财务比率之间的关系,必须使用综合的分析方法才能了解企业全貌。综合分析方法也有很多,主要包括杜邦分析法、综合评价法、沃尔分析法等,本节主要介绍杜邦分析法。

杜邦分析法考虑了各个财务指标内在联系,把财务指标以系统分析图的形式连接在一起,综合分析和评价企业财务状况和盈利能力,其分析体系如图8-1所示。

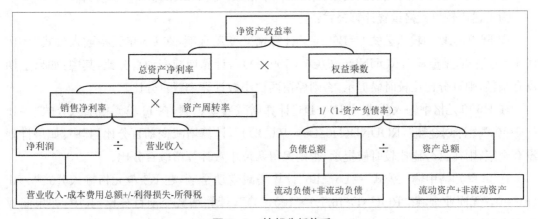

图 8-1　杜邦分析体系

8.2 利用 Excel 进行比较分析

利用 Excel 进行比较分析,需要确定对应的计划数、同期同行业数和本企业不同时期相同项目数额,并进行绝对数和相对数的比较。

8.2.1 比较资产负债表

进行资产负债表比较,需要建立比较资产负债表,包含本期数、计划数、上期数和同业数。表头如图 8-2 所示。

图 8-2 比较资产负债表

按照上表,获取到对应的上期数、计划数和同业数,演示数据如图 8-3 所示。

为上述比较单元格设置计算公式:

在 F6 单元格中输入公式"=B6-C6"计算增减变动金额,在 G6 单元格输入公式"=IF(C6=0,"上期无金额",ROUND(F6/C6*100,2))",计算增减变动百分比,其中:如果上期没有余额,则百分比比较时候提示,否则保留两位小数计算增减百分比。

在 H6 单元格中输入公式"=B6-D6"计算增减变动金额,在 I6 单元格输入公式"=IF(D6=0,"无计划金额",ROUND(H6/D6*100,2))",计算增减变动百分比,其中:如果计划没有金额,则在百分比比较时候提示,否则保留两位小数计算增减百分比。

在 J6 单元格中输入公式"=B6-E6"计算增减变动金额,在 K6 单元格输入公式"=IF(E6=0,"无同业金额",ROUND(J6/E6*100,2))",计算增减变动百分比,其中:如果同业没有金额,则在百分比比较时候提示,否则保留两位小数计算增减百分比。

向下拖动快速复制公式,结果如图 8-4 所示。

第 8 章 利用 Excel 进行财务报表分析

比较资产负债表

企业名称：		2022年1月31日		
资产	本期数	上期数	计划数	同业数
流动资产：				
货币资金	620000	500000	600000	780000
交易性金融资产	12000	10000	10000	10000
应收票据	3000	2000	5000	10000
应收账款	27750	13000	20000	30000
预付账款	8000	3000	2000	9000
应收利息				
应收股利				
其他应收款	3000	2600	3000	3000
存货	100000	88000	60000	860000
一年内到期的非流动资产				
其他流动资产				
流动资产合计	773,750.00	618,600.00	700,000.00	1,702,000.00
非流动资产：				
可供出售金融资产				
持有至到期投资	5000	23000	3000	3000
长期应收款				
长期股权投资	100000	32000	70000	100000
投资性房地产				
固定资产	550000	400000	600000	1000000
在建工程		4200		
工程物资				
固定资产清理				
生产性生物资产				
油气资产				
无形资产				

图 8-3 获取企业资产负债表比较数据

比较资产负债表

企业名称：		2022年1月31日							单位：元	
资产	本期数	上期数	计划数	同业数	与上期比		与计划比		与同业比	
					增减金额	增减百分比%	增减金额	增减百分比%	增减金额	增减百分比%
流动资产：										
货币资金	620000	500000	600000	780000	120000	24	20000	3.33	-160000	-20.51
交易性金融资产	12000	10000	10000	10000	2000	20	2000	20	2000	20
应收票据	3000	2000	5000	10000	1000	50	-2000	-40	-7000	-70
应收账款	27750	13000	20000	30000	14750	113.46	7750	38.75	-2250	-7.5
预付账款	8000	3000	2000	9000	5000	166.67	6000	300	-1000	-11.11
应收利息					0	上期无金额	0	无计划金额	0	无同业金额
应收股利					0	上期无金额	0	无计划金额	0	无同业金额
其他应收款	3000	2600	3000	3000	400	15.38	0	0	0	0
存货	100000	88000	60000	860000	12000	13.64	40000	66.67	-760000	-88.37
一年内到期的非流动资产					0	上期无金额	0	无计划金额	0	无同业金额
其他流动资产					0	上期无金额	0	无计划金额	0	无同业金额
流动资产合计	773,750.00	618,600.00	700,000.00	1,702,000.00	155150	25.08	73750	10.54	-928250	-54.54
非流动资产：										
可供出售金融资产					0	上期无金额	0	无计划金额	0	无同业金额
持有至到期投资	5000	23000	3000	3000	-18000	-78.26	2000	66.67	2000	66.67
长期应收款					0	上期无金额	0	无计划金额	0	无同业金额
长期股权投资	100000	32000	70000	100000	68000	212.5	30000	42.86	0	0
投资性房地产					0	上期无金额	0	无计划金额	0	无同业金额
固定资产	550000	400000	600000	1000000	150000	37.5	-50000	-8.33	-450000	-45
在建工程		4200			-4200	-100	0	无计划金额	0	无同业金额
工程物资					0	上期无金额	0	无计划金额	0	无同业金额
固定资产清理					0	上期无金额	0	无计划金额	0	无同业金额
生产性生物资产					0	上期无金额	0	无计划金额	0	无同业金额
油气资产					0	上期无金额	0	无计划金额	0	无同业金额
无形资产					0	上期无金额	0	无计划金额	0	无同业金额

图 8-4 比较资产负债表结果

8.2.2 比较利润表

进行利润表比较，需要设计比较利润表的格式，一般包括与上期比较、与计划数比较、与同业比较，表格格式设计如图 8-5 所示。

A1 比较利润表

比较利润表										
编制单位：	2022年1月									单位：元
项目	本期金额	上期金额	计划数	同业数	与上期比		与计划比		与同业比	
					金额增减	百分比%	金额增减	百分比%	金额增减	百分比%
一、营业收入										
减：营业成本										
营业税金及附加										
销售费用										
管理费用										
财务费用										
资产减值损失										
加：公允价值变动收益（损失以“-”号填列）										
投资收益（损失以“-”号填列）										
其中：对联营企业和合营企业的投资收益										
二、营业利润（亏损以“-”号填列）										
加：营业外收入										
减：营业外支出										
其中：非流动资产处置损失										
三、利润总额（亏损总额以“-”号填列）										
减：所得税费用										
四、净利润（净亏损以“-”号填列）										
五、每股收益：										
（一）基本每股收益										
（二）稀释每股收益										
六、其他综合收益										
七、综合收益总额										

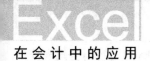

图 8-5　比较利润表

按照上表，获取到企业对应数据，演示数据如图 8-6 所示。

比较利润表				
编制单位：	2022年1月			
项目	本期金额	上期金额	计划数	同业数
一、营业收入	120,000.00	80,000.00	130,000.00	250,000.00
减：营业成本	75,000.00	48,000.00	60,000.00	150,000.00
营业税金及附加	3,000.00	1,600.00	3,800.00	7,000.00
销售费用	20,000.00	12,000.00	18,000.00	35,000.00
管理费用	10,000.00	6,000.00	6,000.00	20,000.00
财务费用	1,000.00	500.00	3,000.00	5,000.00
资产减值损失				
加：公允价值变动收益（损失以“-”号填列）				
投资收益（损失以“-”号填列）				
其中：对联营企业和合营企业的投资收益				
二、营业利润（亏损以“-”号填列）	11,000.00	11,900.00	39,200.00	33,000.00
加：营业外收入	12,000.00	3,000.00	0.00	0.00
减：营业外支出	6,000.00	8,500.00	10,000.00	5,000.00
其中：非流动资产处置损失				
三、利润总额（亏损总额以“-”号填列）	17,000.00	6,400.00	29,200.00	28,000.00
减：所得税费用	4,250.00	1,600.00	7,300.00	7,000.00
四、净利润（净亏损以“-”号填列）	12,750.00	4,800.00	21,900.00	21,000.00
五、每股收益：				
（一）基本每股收益				
（二）稀释每股收益				
六、其他综合收益				
七、综合收益总额				

图 8-6　获取利润表本期、上期、计划和同业数

为上述比较单元格设置计算公式：

在 F6 单元格中输入公式“=B6-C6”计算增减变动金额，在 G6 单元格输入公式“=IF(C6=0,"上期无金额",ROUND(F6/C6 * 100,2))”，计算增减变动百分比，其中：如果上期没有余额，则百分比比较时候提示，否则保留两位小数计算增减百分比。

在 H6 单元格中输入公式“=B6-D6”计算增减变动金额，在 I6 单元格输入公式“=IF(D6=0,"无计划金额",ROUND(H6/D6 * 100,2))”，计算增减变动百分比，其中：如果计划

没有金额，则在百分比比较时候提示，否则保留两位小数计算增减百分比。

在 J6 单元格中输入公式"＝B6－E6"计算增减变动金额，在 K6 单元格输入公式"＝IF(E6＝0,"无同业金额",ROUND(J6/E6 * 100,2))"，计算增减变动百分比，其中：如果同业没有金额，则在百分比比较时候提示，否则保留两位小数计算增减百分比。

向下拖动快速复制公式，结果如图 8－7 所示。

比较利润表

编制单位：		2022年1月								单位：元
项目	本期金额	上期金额	计划数	同业数	与上期比		与计划比		与同业比	
					金额增减	百分比%	金额增减	百分比%	金额增减	百分比%
一、营业收入	120,000.00	80,000.00	130,000.00	250,000.00	40,000.00	50.00	-10,000.00	-7.69	-130,000.00	-52.00
减：营业成本	75,000.00	48,000.00	60,000.00	150,000.00	27,000.00	56.25	15,000.00	25.00	-75,000.00	-50.00
营业税金及附加	3,000.00	1,600.00	3,800.00	7,000.00	1,400.00	87.50	-800.00	-21.05	-4,000.00	-57.14
销售费用	20,000.00	12,000.00	18,000.00	35,000.00	8,000.00	66.67	2,000.00	11.11	-15,000.00	-42.86
管理费用	10,000.00	6,000.00	6,000.00	20,000.00	4,000.00	66.67	4,000.00	66.67	-10,000.00	-50.00
财务费用	1,000.00	500.00	3,000.00	5,000.00	500.00	100.00	-2,000.00	-66.67	-4,000.00	-80.00
资产减值损失					0.00	上期无金额	0.00	无计划金额	0.00	无同业金额
加：公允价值变动收益（损失以"-"号填列）					0.00	上期无金额	0.00	无计划金额	0.00	无同业金额
投资收益（损失以"-"号填列）					0.00	上期无金额	0.00	无计划金额	0.00	无同业金额
其中：对联营企业和合营企业的投资收益					0.00	上期无金额	0.00	无计划金额	0.00	无同业金额
二、营业利润（亏损以"-"号填列）	11,000.00	11,900.00	39,200.00	33,000.00	-900.00	-7.56	-28,200.00	-71.94	-22,000.00	-66.67
加：营业外收入	12,000.00	3,000.00	0.00	0.00	9,000.00	300.00	12,000.00	无计划金额	12,000.00	无同业金额
减：营业外支出	6,000.00	8,500.00	10,000.00	5,000.00	-2,500.00	-29.41	-4,000.00	-40.00	1,000.00	20.00
其中：非流动资产处置损失					0.00	上期无金额	0.00	无计划金额	0.00	无同业金额
三、利润总额（亏损总额以"-"号填列）	17,000.00	6,400.00	29,200.00	28,000.00	10,600.00	165.63	-12,200.00	-41.78	-11,000.00	-39.29
减：所得税费用	4,250.00	1,600.00	7,300.00	7,000.00	2,650.00	165.63	-3,050.00	-41.78	-2,750.00	-39.29
四、净利润（净亏损以"-"号填列）	12,750.00	4,800.00	21,900.00	21,000.00	7,950.00	165.63	-9,150.00	-41.78	-8,250.00	-39.29
五、每股收益：										
（一）基本每股收益										
（二）稀释每股收益										
六、其他综合收益										
七、综合收益总额										

图 8－7　比较利润表结果

上述比较资产负债表和比较利润表在实际使用过程中可灵活应用，如不需要的比较项目，可以去掉。用户还可参照上述思路建立比较现金流量表。

上述数据为演示举例数据，实际工作中以企业实际数据为准，利用 Excel 建立比较分析表，按照绝对数或者相对数比较结果进行分析企业的财务状况和经营成果，比如本期应收账款比上期增加 87.5%，需要进行信用管理并制定良好的收款政策。本期营业收入比计划少了，原因在哪里？管理费用比上期增加了 66.67%，原因在哪里？

8.3　利用 Excel 进行比率分析

利用 Excel 进行比率分析主要工作是建立比率分析表，第一部分已经介绍了比率分析的各种比率，并说明了各种比率表达的含义、反映的效果，用户可根据本单位比率分析表计算结果进行分析单位财务状况、经营成果和管理能力。

8.3.1　建立比率分析表

比率分析表的框架按照四项比率进行设置，主要有偿债能力比率、营运能力比率、盈利能力比率和现金流量比率。

新建工作表，重命名为"财务比率分析表"，在第一行输入"财务比率分析表"并合并单元格，第二行输入"项目和比率"，用户可根据自己要求填充颜色，在"项目"列输入"偿债能力比率、营运能力比率、盈利能力比率和现金流量比率"，结果如图 8－8 所示。

	A	B
1	财务比率分析表	
2	项目	比率
3	一、偿债能力比率	
4	流动比率	
5	速动比率	
6	现金比率	
7	资产负债率	
8	股东权益比例	
9	权益乘数	
10	负债股权比例	
11	有形净值债务率	
12	已获利息利倍数	
13	二、营运能力比率	
14	存货周转率	
15	应收账款周转率	
16	流动资产周转率	
17	固定资产周转率	
18	总资产周转率	
19	三、盈利能力比率	
20	销售毛利率	
21	销售净利率	
22	成本费用利润率	
23	总资产报酬率	
24	净资产收益率	
25	四、现金流量比率	
26	销售获现率	
27	到期债务本息偿付比率	
28	每股现金流量	

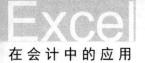

图 8－8 财务比率分析表

8.3.2 设置比率项目公式

为"比率"列设置计算公式，使得本期资产负债表、利润表和现金流量表生成数据后，财务比率分析表自动生成比率数据。

选中流动比率单元格 B4，输入公式"＝比较资产负债表！B17/比较资产负债表！B52"，即流动资产/流动负债。

选中速动比率单元格 B5，输入公式"＝(比较资产负债表！B17－比较资产负债表！B14－比较资产负债表！B10)/比较资产负债表！B52"，即(流动资产－存货－预付账款)/流动负债。

以第一部分的比率指标公式为基础，按照 Excel 设计公式的要求，依次对财务比率分析表设计公式，输入的公式结果如图 8－9 所示。

	A	B
1	财务比率分析表	
2	项目	比率
3	一、偿债能力比率	
4	流动比率	=比较资产负债表!B17/比较资产负债表!B52
5	速动比率	=(比较资产负债表!B17-比较资产负债表!B14-比较资产负债表!B10)/比较资产负债表!B52
6	现金比率	=(比较资产负债表!B6+比较资产负债表!B7)/比较资产负债表!B52
7	资产负债率	=比较资产负债表!B62/比较资产负债表!B37
8	股东权益比例	=比较资产负债表!B69/比较资产负债表!B37
9	权益乘数	=比较资产负债表!B37/比较资产负债表!B69
10	负债股权比例	=比较资产负债表!B62/比较资产负债表!B69
11	有形净值债务率	=比较资产负债表!B62/(比较资产负债表!B69-比较资产负债表!B30)
12	已获利息利倍数	=(比较利润表!B20+比较资产负债表!B47)/比较资产负债表!B47
13	二、营运能力比率	
14	存货周转率	=比较利润表!B7/((比较资产负债表!C14+比较资产负债表!B14)/2)
15	应收账款周转率	=比较利润表!B6/((比较资产负债表!C9+比较资产负债表!B9)/2)
16	流动资产周转率	=比较利润表!B6/((比较资产负债表!C17+比较资产负债表!B17)/2)
17	固定资产周转率	=比较利润表!B6/((比较资产负债表!C24+比较资产负债表!B24)/2)
18	总资产周转率	=比较利润表!B6/((比较资产负债表!C37+比较资产负债表!B37)/2)
19	三、盈利能力比率	
20	销售毛利率	=(比较利润表!B6-比较利润表!B7)/比较利润表!B6
21	销售净利率	=比较利润表!B22/比较利润表!B6
22	成本费用利润率	=比较利润表!B20/(比较利润表!B7+比较利润表!B8+比较利润表!B9+比较利润表!B10+比较利润表!B11)
23	总资产报酬率	=(比较利润表!B20+比较利润表!B11)/((比较资产负债表!C37+比较资产负债表!B37)/2)
24	净资产收益率	=比较利润表!B22/((比较资产负债表!C69+比较资产负债表!B69)/2)
25	四、现金流量比率	
26	销售获现率	=比较现金流量表!B6/比较利润表!B6
27	到期债务本息偿付比率	
28	每股现金流量	

图 8－9 比率公式设置

输入公式后，Excel 自动从指定的报表单元格中获取数据并进行计算，按照演示数据计算结果如图 8－10 所示。

项目	比率
财务比率分析表	
一、偿债能力比率	
流动比率	5.487588652
速动比率	4.721631206
现金比率	4.482269504
资产负债率	0.291163605
股东权益比例	0.708836395
权益乘数	1.410762775
负债股权比例	0.410762775
有形净值债务率	0.410762775
已获利息倍数	18
二、营运能力比率	
存货周转率	0.79787234
应收账款周转率	5.889570552
流动资产周转率	0.172370453
固定资产周转率	0.252631579
总资产周转率	0.095749137
三、盈利能力比率	
销售毛利率	0.375
销售净利率	0.10625
成本费用利润率	0.155963303
总资产报酬率	0.014362371
净资产收益率	0.012639092
四、现金流量比率	
销售获现率	0.833333333
到期债务本息偿付比率	
每股现金流量	

图 8－10　比率计算结果

用户按照上述比率结果对企业的偿债能力、营运能力、盈利能力和现金流量进行分析，找出企业经营中存在的问题，制定对策加以解决。由于演示数据没有企业发行股票的数据，也无法判断企业具体到期债务状况，因此到期债务本息偿付比率和每股现金流量比率没有计算，实际工作中按照本单位实际数据进行分析。

8.4　利用 Excel 进行趋势分析

针对企业连续几个会计期间的报表或者指标进行趋势分析，分析的形式主要有重要财务指标的趋势分析、会计报表项目趋势分析、会计报表项目构成百分比趋势分析，通过计算出来的各期间数据判断其发展趋势。

8.4.1　重要财务指标趋势分析

创建企业历年销售毛利表，并输入历年的营业收入、营业成本金额，设置公式计算出毛利的金额，如图 8－11 所示。

历年销售毛利表				
项目	2018年	2019年	2020年	2021年
营业收入	5687500	6786400	5903500	5021000
营业成本	3475800	5013200	4213600	3245210
毛利	2211700	1773200	1689900	1775790

图 8－11　历年销售毛利表

1. 进行定比和环比分析　　以 2008 年为基期数据，建立定基比率和环比比率表，其中：

定基动态比率＝分析期指标/固定基期指标,环比动态比率＝分析期指标/分析前期指标。如图 8-12 所示。

定基比率和环比比率分析表						
项目	2019年		2020年		2021年	
	定基比率	环比比率	定基比率	环比比率	定基比率	环比比率
营业收入						
营业成本						
毛利						

图 8-12　定基比率和环比比率分析表

2. **设置定基比率和环比比率公式**　按照上图,选中 2019 年单元格 B11 输入公式"＝C3/B3",在 C11 单元格输入公式"＝C3/B3";在 2020 年的 D11 单元格输入公式"＝D3/B3",在 E11 单元格输入公式"＝D3/C3";在 2021 年的 F11 单元格输入公式"＝E3/B3",在 G11 单元格输入公式"＝E3/D3"。结果如图 8-13 所示。

	A	B	C	D	E	F	G
1		历年销售毛利表					
2	项目	2018年	2019年	2020年	2021年		
3	营业收入	5687500	6786400	5903500	5021000		
4	营业成本	3475800	5013200	4213600	3245210		
5	毛利	2211700	1773200	1689900	1775790		
6							
7							
8		定基比率和环比比率分析表					
9		2019年		2020年		2021年	
10	项目	定基比率	环比比率	定基比率	环比比率	定基比率	环比比率
11	营业收入	1.193213	1.193213	1.037978	0.869902	0.882813	0.850512408
12	营业成本	1.442315	1.442315	1.212268	0.840501	0.933658	0.770175147
13	毛利	0.801736	0.801736	0.764073	0.953023	0.802907	1.050825493

图 8-13　比率计算结果

3. **采用图表直观显示比率变化**　选择【插入】菜单下【图表】项,选择"折线图—数据点折线图",选中定基比率和环比比率分析表区域,确定图表标题为"收入成本和毛利趋势分析表",X 轴为年度和比率,Y 轴为数值,结果如图 8-14 所示。

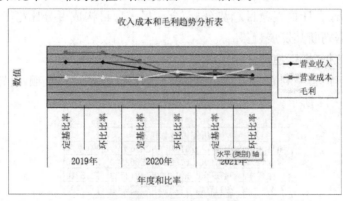

图 8-14　图表显示发展趋势

通过上述折线图可以清楚地看到营业收入、营业成本和毛利的变动趋势,有利于下一年度的金额预测。

8.4.2 会计报表项目趋势分析

会计报表项目趋势分析主要是将连续数期的会计报表有关项目的数字并行排列，比较相同指标的增减变动金额和幅度，一般通过编制比较资产负债表、比较利润表及比较现金流量表进行，可参照前述比较分析法进行连续数年的金额趋势分析，这里不再重复。

8.4.3 会计报表项目构成百分比趋势分析

主要是指定报表中某一总体为基数，计算出其他项目与该基数的百分比，进行连续年度的变动趋势分析，该分析一方面可以分析出报表构成项目所占比重，也可以分析出各个项目的各年发展趋势，一般通过编制结构百分比分析表进行。

1. 创建结构百分比分析表　假定已经获取到某公司 2019、2020、2021 年资产负债表数据，该数据在 Excel 的"A1:D51"区域。创建结构百分比分析表，将资产总额或权益总额作为分析总体，编制结构百分比分析表，该表在"F1:I12"区域，结构如图 8-15 所示。

某公司资产与权益项目结构百分比分析表			
项目	2019年	2020年	2021年
资产（或）权益总计			
其中：流动资产			
长期股权投资			
固定资产			
无形资产及其他资产			
负债合计			
其中：流动负债			
长期负债			
股东权益合计			

图 8-15　结构百分比分析表

2. 以资产总额作为基数，设定百分比公式　主要操作步骤如下：

［1］选中结构百分比分析表数据区域，点击【格式】菜单下【单元格】项，选择分类为"百分比"，小数位为 2 位，如图 8-16 所示。

图 8-16　数据区域格式设置

[2] 在"资产或权益总计单元格 G3、H3、I3"输入 100％，选中 2019 年度流动资产单元格 G4，输入公式"＝B14/B23"，其中 B14 是历年资产负债表的流动资产合计数，B23 是历年资产负债表资产合计数，详见演示数据。

[3] 向右拖动快速复制公式至 H4、I4，则历年流动资产百分比设置完成，如图 8-17 所示。

某公司资产与权益项目结构百分比分析表			
项目	2019年	2020年	2021年
资产（或）权益总计	100.00%	100.00%	100.00%
其中：流动资产	29.44%	12.28%	9.55%
长期股权投资			
固定资产			
无形资产及其他资产			
负债合计			
其中：流动负债			
长期负债			
股东权益合计			

图 8-17　流动资产历年百分比公式

[4] 按照同样方法对其他项目进行百分比公式设置，结果如图 8-18 所示。

某公司资产与权益项目结构百分比分析表			
项目	2019年	2020年	2021年
资产（或）权益总计	100.00%	100.00%	100.00%
其中：流动资产	29.44%	12.28%	9.55%
长期股权投资	3.05%	1.63%	2.51%
固定资产	66.20%	85.49%	87.19%
无形资产及其他资产	1.31%	0.60%	0.75%
负债合计	21.88%	66.25%	62.80%
其中：流动负债	10.11%	31.49%	26.14%
长期负债	11.77%	34.76%	36.66%
股东权益合计	78.12%	33.75%	37.20%

图 8-18　结构百分比分析表数据

用户通过分析得到百分比数据，用以分析企业的流动资产变动状况、非流动资产变动状况、权益构成情况等。

8.5　利用 Excel 进行综合分析

综合分析方法也有很多，主要包括杜邦分析法、综合评价法、沃尔分析法等，本节主要介绍杜邦分析法。

1. 建立杜邦分析体系表，取消网格线，对有指标的单元格设置边框。选择【视图】菜单下【显示】项，取消"网格线"，如图 8-19 所示。

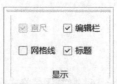

图 8-19　取消网格线

2. 输入杜邦分析指标,对有比率指标的单元格加边框,如图 8-20 所示。

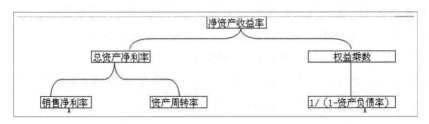

图 8-20　建立指标体系

3. 插入乘号和除号,点击【插入】菜单下【符号】项进行选择即可,结果如图 8-21 所示。

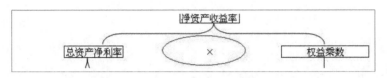

图 8-21　插入乘号和除号

4. 设置取数公式,在每个指标名称旁边的单元格显示比率数据,"净资产收益率"在单元格 F1,在 G1 输入公式"=E4*I4",其中 E4 为总资产净利率右侧单元格,I4 为权益乘数右侧单元格。依此类推,把所有指标公式设置完毕,只要把最底层的数据输入或者从已经存在的资产负债表和利润表获取到,则整个指标体系自动计算完成,结果如图 8-22 所示。

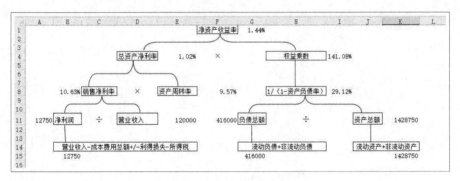

图 8-22　杜邦分析体系数据

8.6　本章小结

企业进行财务分析的方法主要有比较分析法、比率分析法、趋势分析法、因素分析法及综合分析方法等,本章主要讲解如何利用 Excel 进行比较分析、比率分析、趋势分析和综合分析。

利用 Excel 进行比较分析,主要建立比较报表,确定对应的计划数、同期同行业数和本企业不同时期相同项目数额,并进行绝对数和相对数的比较分析。

利用 Excel 进行比率分析,主要工作是建立比率分析表,设置偿债能力分析指标、营运

能力分析指标、盈利能力分析指标和现金流量分析指标,进行比率计算。

针对企业连续几个会计期间的报表或者指标进行趋势分析,本章利用 Excel 进行趋势分析的形式主要有重要财务指标的趋势分析、会计报表项目趋势分析、会计报表项目构成百分比趋势分析,通过计算出来的各期间数据判断其发展趋势。

本章利用 Excel 进行综合分析是建立杜邦分析体系表,除此之外还可以建立沃尔分析表等,用户在掌握本章内容基础上,自行练习其他方法。

第 9 章 利用 Excel 进行工资核算

企业经常使用 Excel 进行工资核算工作，主要包括工资计算、工资汇总、个人所得税计算、工资条生成、工资表查询及打印等。熟练运用 Excel 的功能进行工资业务处理，能够提高工作效率，减少计算工作量和错误概率，还能够解决不同单位不同标准下工资项的计算问题，极大地方便了财务部门的工资核算。

本章要点：
- 工资表的编制
- 个人所得税计算
- 工资汇总与工资查询
- 工资条的生成

9.1 编制工资表

工资表是计算工资的基本工作表，由工资项目构成，一般企业工资项目包括员工代码、员工姓名、所属部门、性别、年龄、员工类别、基本工资、岗位工资、工龄工资、奖金、津贴补贴、计件工资、事假天数、事假扣款、病假天数、病假扣款、缺勤天数、缺勤扣款、代扣个人所得税、其他扣款、扣款合计、应发工资、实发工资等。各个单位根据自身情况可增减工资项目。

对于工资表中的部分项目如应发工资、事假扣款、病假扣款、扣缴个人所得税、实发工资等，通过其他工资项目计算可以得到，无需手工输入数据。

9.1.1 增加工资项目

工资项目是组成工资表的要素，一个工资表由若干工资项目构成。假定某企业工资项目为：员工代码、姓名、部门、性别、员工类别、基本工资、岗位工资、奖金、津贴补贴、计件工资、计件数量、请假天数、请假扣款、养老保险金、个人所得税、应发工资、实发工资。

要求按照上述工资项目制作工资表，并对已经存在的员工代码、部门、性别、员工类别提供下拉列表选择功能。

操作步骤

[1] 打开 Excel 工作簿，命名"Sheet1"工作表为"工资表"。
[2] 在第一行输入上述工资项目，并增加边框，如图 9-1 所示。

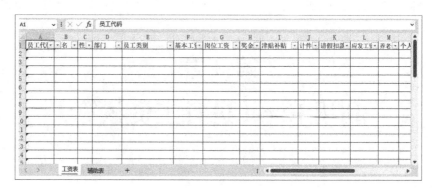

图 9-1　工资表

9.1.2　工资项目数据有效性控制

为避免输入数据时出错，可以对工资表中"员工、部门、性别、员工类别"等设置数据有效性控制，增加下拉列表选择功能，提高准确性。

1. 对员工、部门、性别、员工类别设置数据有效性控制，首先需要相应的档案表。增加工作表"辅助表"，在该表中增加各项数据档案，如图9-2所示。

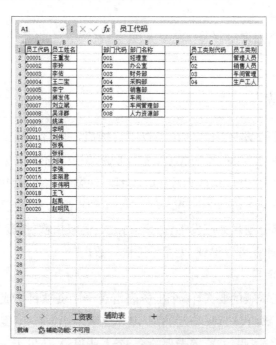

图 9-2　辅助表数据

📖　注意：所有代码栏目单元格应设置为字符型。

2. 设定员工数据有效性控制，要求选择"员工代码"，自动显示员工姓名，设置步骤如下：

[1] 选择"辅助表"中的 A 列,点击【公式】菜单下的【根据所选内容创建】功能,选择"指定",按照"首行"命名,把 A 列命名为"员工代码",如图 9-3 所示。

图 9-3 指定名称为"员工代码"

[2] 选择"工资表"的员工代码 A 列,点击【数据】菜单下的【数据验证】功能,"允许"区域选择"序列","来源"区域输入"=员工代码",如图 9-4 所示。

图 9-4 员工代码数据有效性控制

[3] 点击"确定"按钮,完成设置,工资表 A 列各个单元格出现下拉列表。

[4] 选择单元格 B2,输入公式"=VLOOKUP(A2,辅助表!＄A＄2:＄B＄200,2,0)",选择 A2 单元格为"00001"时,B2 自动显示"王重发",如图 9-5 所示。

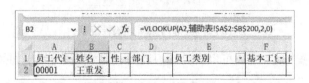

图 9-5 姓名自动显示

3. 设置姓名数据有效性控制　工资表选择 C 列,点击【数据】菜单下的【数据验证】功能,允许区域选择"序列",来源区域输入"男,女"即可,如图 9-6 所示。

图 9-6 性别数据有效性控制

4. 设置部门数据有效性控制　由于部门数据在"辅助表"中都已经存在,则按照上述"员工代码"的设置方式进行即可:

［1］在辅助表中选择"部门名称"E列,点击【插入】菜单下的【名称】功能,选择"指定",按照"首行"命名,把A列命名为"部门名称"。

［2］选择工资表中的部门列D列,点击【数据】菜单下的【数据验证】功能,"允许"区域选择"序列","来源"区域输入"＝部门名称",如图9-7所示。

图 9-7 部门数据有效性控制

5. 员工类别设置同上,用户可以自己练习设置。设置完毕,结果如图9-8所示。

图 9-8 员工类别数据有效性控制

9.1.3　工资项目数据输入

工资表中有些工资项目数据每期可能发生变化，并且具体数值不能确定，也不能由其他项目计算得来，则需要手工输入，如上例中的“基本工资、奖金、请假天数、计件数量”等；有些工资项目是可以通过其他工资项目数据计算得来，如“津贴补贴、计件工资、应发合计、请假扣款、个人所得税、扣款合计、实发工资”等，通过设置公式自动计算。

当然各个单位实际情况并不相同，有些单位“基本工资”也无需输入，按照不同级别设定不同的基本工资，用户学习本节后可自行扩展练习。

手工输入工资项目数据的方式有两种，一种是直接在对应单元格内输入，另一种则是利用记录单输入。

1. 单元格直接输入方式　假定某企业本期员工工资情况如图 9－9 所示。

	A	B	C	D	E
1	员工姓名	基本工资	奖金	请假天数	计件数量
2	王重发	3500	350		
3	李玲	3500	350		
4	李佑	3000	300	2	
5	王二宝	3800	380		
6	李宁	4000	400		
7	顾发伟	4000	400	3	
8	刘立斌	3500	350		
9	吴泽群	3000	300		
10	姚滨	3000	300	1	
11	李明	3800	380		
12	刘伟	4000	400		
13	张枫	5000	500		
14	张铎	5500	550		
15	刘海	5000	500	5	
16	李强	3500	350		
17	李丽君	4500	450		
18	李伟明	4500	450		
19	王飞	4000	400		
20	赵凯				40
21	赵明风				55

图 9－9　部分工资项目数据表

按照上表中的数据，点击工资表中每一行，选择“员工代码、性别、部门、员工类别”，输入“基本工资、奖金、请假天数、计件数量”，完成工资数据输入，其中最后两名员工核算计件工资，没有基本工资等内容。结果如图 9－10 所示。

fx　员工代码

C	D	E	F	G	H	I	J	K	L	M	N	O	P	Q
性	部门	员工类别	基本工	岗位工资	奖金	津贴补贴	计件	请假扣	应发工	养老	个人所得	实发工资	请假天数	计件数量
男	经理室	管理人员	3500	500	350									
女	办公室	管理人员	3500	500	350									
男	办公室	管理人员	3000	500	300								2	
男	财务部	管理人员	3800	500	380									
女	财务部	管理人员	4000	500	400									
男	财务部	管理人员	4000	500	400								3	
男	采购部	管理人员	3500	500	350									
男	采购部	管理人员	3000	500	300									
男	销售部	销售人员	3000	300	300								1	
男	销售部	销售人员	3800	300	380									
男	销售部	销售人员	4000	300	400									
男	销售部	销售人员	5000	300	500									
男	车间管理部	车间管理	5500	300	550									
男	车间	生产工人	5000	300	500								5	
男	人力资源部	管理人员	3500	500	350									
女	人力资源部	管理人员	4500	500	450									
男	车间	生产工人	4500	300	450									
女	人力资源部	管理人员	4000	500	400									
男	车间	生产工人												40
男	车间	生产工人												55

图 9－10　输入工资项目数据

2. 利用记录单进行录入　点击【数据】菜单下的【记录单】,如图 9-11 所示。

图 9-11　记录单录入

录入完一条后点击"下一条"录入,直至完成即可。

9.1.4　工资项目公式设置

工资表中部分工资项目由其他项目计算得来,可以对该项目设置计算公式,能够避免手工输入造成的错误,提高工作效率。

假定某企业可计算的工资项目及计算要求如表 9-1 所示,按照该表要求进行公式设置。

表 9-1　某企业可计算的工资项目及计算要求

岗位工资	管理人员为"500",其他为"300"
津贴补贴	管理人员为"200",销售人员为"400",其他人员为"150"
请假扣款	请假天数 * 100
计件工资	计件数量 * 120
应发工资	基本工资+岗位工资+奖金+津贴补贴+计件工资-请假扣款
养老保险金	假定按照"(基本工资+岗位工资) * 0.08"计算
个人所得税	按照国家规定的七级超额累进税率计算
实发工资	应发工资-养老保险金-个人所得税

1. 岗位工资公式　使用 IF 函数进行判断获取。

［1］选中工资表单元格 G2，输入公式"＝IF(E2="管理人员",500,300)"，即如果职员类别为管理人员，则金额为 500，否则为 300。

［2］选中 G2 单元格，鼠标移至右下角出现"＋"符号，向下拖动快速复制完成设置。结果如图 9－12 所示。

图 9－12　岗位工资公式设置

2. 津贴补贴　采用 IF 函数进行嵌套判断。

［1］选中工资表单元格 I2，输入公式"＝IF(E2="管理人员",200,IF(E2="销售人员",400,150))"，即如果职员类别为管理人员，则金额为 200，否则继续进行判断，如果为销售人员，金额为 400，都不是的情况下为 150。

［2］选中 I2 单元格，鼠标移至右下角出现"＋"符号，向下拖动快速复制完成设置。

3. 计件工资　直接使用四则运算，公式为"计件工资＝计件数量＊120"。选中 J2 单元格，输入公式"＝Q2＊120"，并向下拖动快速复制公式，显示结果有计件数量的员工会自动计算出金额。

4. 请假扣款　直接使用四则运算，公式为"请假扣款＝请假天数＊100"。选中 K2 单元格，输入公式"＝P2＊100"，并向下拖动快速复制公式，显示结果有请假天数的员工会自动计算出请假扣款金额。

5. 养老保险金　直接使用四则运算，公式为"(基本工资＋岗位工资)＊0.08"。选中 L2 单元格，输入公式"＝(F2+G2)＊0.08"，并向下拖动快速复制公式，自动显示结果。

6. 应发工资　该项目公式为"基本工资＋岗位工资＋奖金＋津贴补贴＋计件工资－请假扣款"。选中 L2 单元格，输入公式"＝F2+G2+H2+I2+J2－K2"，并向下拖动快速复制公式即可。

7. 实发工资　该项目公式为"应发工资－扣款合计"。选中 O2 单元格，输入公式"＝L2－M2－N2"，并向下拖动快速复制公式即可。

8. 个人所得税计算　个人所得税是按照应纳税所得额和对应税率计算得来，其中应纳税所得额为收入额扣除免税收入、减除费用后的金额(不考虑附加减除费用)。

按照本例要求，应发工资为收入额，养老保险金为免税项目，目前减除费用规定为 5000。

表9-2 七级超额累进税率表

全月应纳税所得额	税率	速算扣除数（元）
全月应纳税额不超过3000元	3%	0
全月应纳税额超过3000元至12 000元	10%	210
全月应纳税额超过12 000元至25 000元	20%	1410
全月应纳税额超过25 000元至35 000元	25%	2660
全月应纳税额超过35 000元至55 000元	30%	4410
全月应纳税额超过55 000元至80 000元	35%	7160
全月应纳税额超过80 000元	45%	15 160

操作步骤

［1］增加"个人所得税税率表"，修改工作表名称为"个人所得税税率表"，输入减除费用和七级超额累进税率（表9-2），如图9-13所示。

图9-13 个人所得税税率表

［2］为简化个人所得税公式，在"工资表"最后一列增加"应纳税所得额"列，选中R2单元格，输入公式"＝L2－M2－个人所得税税率表！＄B＄1"，并向下拖动快速复制，结果如图9-14所示。

图9-14 增加"应纳税所得额"列

［3］选中个人所得税单元格N2，输入公式"＝IF(R2＜＝0,0,R2＊VLOOKUP(R2,个人所得税税率表！＄B＄3:＄E＄10,3)－VLOOKUP(R2,个人所得税税率表！＄B＄3:＄E＄10,4))"，并向下拖动快速复制公式至整列即可，如图9-15所示。

第 9 章 利用 Excel 进行工资核算

应发工资	养老保	个人所得税
6500	464	31.08
4550	320	0
3800	280	0
4880	344	0
5100	360	0
4800	360	0
4550	320	0
4000	280	0
4550	320	0
4550	320	0
5650	400	7.5
5100	360	0
5450	424	0.78
5400	384	0.48
4950		0
6750		52.5
3900	264	0
4880	328	0
5100	344	0
6200	424	23.28

图 9-15　个人所得税计算

公式说明：

- 判断如果应纳税所得额 R2≤＝0，则个人所得税＝0。
- 如果 R2 不等于 0，则用应纳税所得额 * 适用税率－速算扣除数。
- VLOOKUP(R2,个人所得税税率表！＄B＄3：＄E＄10,3)为获取税率，在个人所得税税率表的 B3：E10 区域查找 R2，模糊查找到最接近且小于等于 R2 的数值，找到后取该数值所在 0 区域第 3 列即税率列的值，＄符号为绝对引用符号，方便快速复制公式。
- VLOOKUP(R2,个人所得税税率表！＄B＄3：＄E＄10,4)同上，需要取第 4 列即速算扣除数的数值。

按照上述操作设置工资项目公式，编制完成工资表，结果如图 9-16 所示。

	A	B	C	D	E	F	G	H	I	J	K	L	M	N	O	P	Q	R
1	员工代码	姓名	性别	部门	员工类别	基本工资	岗位工资	奖金	津贴补贴	计件工	请假扣款	应发工资	养老保	个人所得税	实发工资	请假天数	计件数量	应纳税所得额
2	00013	张锋	男	车间管理	车间管理	5500	300	550	150	0	0	6500	464	31.08	6004.92			1036
3	00002	李玲	女	办公室	管理人员	3500	500	350	200	0	0	4550	320	0	4230			-770
4	00003	李佑	男	办公室	管理人员	3000	500	300	200	0	200	3800	280	0	3520	2		-1480
5	00004	王二宝	男	财务部	管理人员	3800	500	380	200	0	0	4880	344	0	4536			-464
6	00005	李宁	女	财务部	管理人员	4000	500	400	200	0	0	5100	360	0	4740			-260
7	00006	顾发作	男	财务部	管理人员	4000	500	400	200	0	300	4800	360	0	4440	3		-560
8	00007	刘立斌	男	采购部	管理人员	3500	500	350	200	0	0	4550	320	0	4230			-770
9	00008	吴泽群	男	采购部	管理人员	3000	500	300	200	0	0	4000	280	0	3720			-1280
10	00001	王重发	男	经理室	管理人员	3500	500	350	200	0	0	4550	320	0	4230			-770
11	00015	李强	男	人力资源	管理人员	3500	500	350	200	0	0	4550	320	0	4230			-770
12	00016	李丽君	女	人力资源	管理人员	4500	500	450	200	0	0	5650	400	7.5	5242.5			250
13	00018	王飞	女	人力资源	管理人员	4000	500	400	200	0	0	5100	360	0	4740			-260
14	00014	刘海	男	车间	生产工人	5000	300	500		0	500	5450	424	0.78	5025.22	5		26
15	00017	李伟明	男	车间	生产工人	4500	300	450		0	0	5400	384	0.48	5015.52			16
16	00019	赵凯	男	车间	生产工人				150	4800	0	4950		0	4950		40	-50
17	00020	赵明风	男	车间	生产工人				150	6600	0	6750		52.5	6697.5		55	1750
18	00009	姚滨	男	销售部	销售人员	3000	300	300	400	0	100	3900	264	0	3636	1		-1364
19	00010	李明	男	销售部	销售人员	3800	300	380	400	0	0	4880	328	0	4552			-448
20	00011	刘伟	男	销售部	销售人员	4000	300	400	400	0	0	5100	344	0	4756			-244
21	00012	张枫	男	销售部	销售人员	5000	300	500	400	0	0	6200	424	23.28	5752.72			776
22														0				-5000
23														0				-5000

图 9-16　完整的工资表数据图

9.2 工资汇总

企业在工作中经常用到工资汇总数据,既可以自行建立按照部门或者员工类别分类的工资汇总表,也可以运用 Excel 的分类汇总功能进行。汇总表可以统计同部门或者同类别员工数量,同时对同部门或同类别员工的工资项目进行汇总,如基本工资、岗位工资的汇总等。

9.2.1 按照部门进行汇总

1. 部门工资汇总表格式　部门汇总,需要进行部门人数统计,并且对相同部门的工资项目进行汇总,一般工资汇总表的格式如图 9-17 所示。

图 9-17　部门工资汇总表格式

2. 部门工资汇总表单元格公式　人数单元格公式,选中 B4 单元格,输入公式"=COUNTIF(工资表！＄D＄2:工资表！＄D＄200,A4)"。其中 COUNTIF 函数为条件计数函数,条件是"工资表部门列找到等于经理室"的单元格数目,向下拖动快速复制公式至所有部门,结果如图 9-18 所示。

图 9-18　人数统计

其他工资项目单元格公式,可以采用 SUMIF 条件汇总函数来进行,选中"基本工资"C4 单元格,输入公式"＝SUMIF(工资表！＄D＄2:＄D＄200,＄A4,工资表！F＄2:F＄200)"。

第9章 利用 Excel 进行工资核算

公式说明：

• "工资表！＄D＄2:＄D＄200"为查找区域。

• "＄A4"为查找值，仅仅在 A 左侧加上"＄"符号是向下拖动复制公式时字母不会变化，数值会依次改变为"＄A5、＄A6"等，便于快速复制公式。

• "工资表！F＄2:F＄200"为汇总区域，仅在数值前面加上"＄"是指横向拖动复制公式时数值不变，字母变化为"G＄2:G＄200、H＄2:H＄200"等，便于快速复制公式。

快速向下和向右拖动公式进行复制，结果如图 9-19 所示。

	A	B	C	D	E	F	G	H	I	J	K	L
1					工资汇总表							
2						2022-02						单位：元
3	部门	人数	基本工资	岗位工资	奖金	津贴补贴	计件工资	请假扣款	应发工资	养老保险金	个人所得税	实发工资
4	经理室	1	3500	500	350	200	0	0	4550	320	0	4230
5	办公室	2	6500	1000	650	400	0	200	8350	600	0	7750
6	财务部	3	11800	1500	1180	600	0	300	14780	1064	0	13716
7	采购部	2	6500	1000	650	400	0	0	8550	600	0	7950
8	销售部	4	15800	1200	1580	1600	0	100	20080	1360	23.28	18696.72
9	车间	4	9500	600	950	600	11400	500	22550	808	53.76	21688.24
10	车间管理部	1	5500	300	550	150	0	0	6500	464	31.08	6004.92
11	人力资源部	3	12000	1500	1200	600	0	0	15300	1080	7.5	14212.5
12	合计	20	71100	7600	7110	4550	11400	1100	100660	6296	115.62	94248.38

图 9-19 部门工资汇总表数据

9.2.2 按照员工类别汇总

1. 按照员工类别进行汇总的工资汇总表格式 类别汇总需要对相同类别进行人数统计，并且对相同类别的工资项目进行汇总，一般类别工资汇总表的格式如图 9-20 所示。

	A	B	C	D	E	F	G	H	I	J	K	L
1					工资汇总表							
2						2022-02						单位：元
3	员工类别	人数	基本工资	岗位工资	奖金	津贴补贴	计件工资	请假扣款	应发工资	养老保险金	个人所得税	实发工资
4	管理人员											
5	销售人员											
6	车间管理											
7	生产工人											
8												
9												
10												
11												
12	合计											

图 9-20 类别工资汇总表格式

2. 类别工资汇总表单元格公式 人数单元格公式，选中 B4 单元格，输入公式"＝COUNTIF(工资表！＄E＄2:工资表！＄E＄200,A4)"。其中 COUNTIF 函数为条件计数函数，条件是"工资表部门列找到等于管理人员"的单元格数目，向下拖动快速复制公式至所有类别。

其他工资项目单元格公式，可以采用 SUMIF 条件汇总函数来进行，选中"基本工资"C4 单元格，输入公式"＝SUMIF(工资表！＄E＄2:＄E＄200,＄A4,工资表！F＄2:F＄200)"。

公式说明：

- "工资表！＄E＄2：＄E＄200"为查找区域。
- "＄A4"为查找值，仅仅在A左侧加上"＄"符号是向下拖动复制公式时字母不会变化，数值会依次改变为"＄A5、＄A6"等，便于快速复制公式。
- "工资表！F＄2:F＄200"为汇总区域，仅在数值前面加上"＄"是指横向拖动复制公式时数值不变，字母变化为"G＄2:G＄200、H＄2:H＄200"等，便于快速复制公式。

快速向下和向右拖动公式进行复制，结果如图9-21所示。

工资汇总表											
2022-02										单位：元	
员工类别	人数	基本工资	岗位工资	奖金	津贴补贴	计件工资	请假扣款	应发工资	养老保险金	个人所得	实发工资
管理人员	11	40300	5500	4030	2200	0	500	51530	3664	7.5	47858.5
销售人员	4	15800	1200	1580	1600	0	100	20080	1360	23.28	18696.72
车间管理	1	5500	300	550	150	0	0	6500	464	31.08	6004.92
生产工人	4	9500	600	950	600	11400	500	22550	808	53.76	21688.24
	0	0	0	0	0	0	0	0	0	0	0
	0	0	0	0	0	0	0	0	0	0	0
	0	0	0	0	0	0	0	0	0	0	0
	0	0	0	0	0	0	0	0	0	0	0
合计	20	71100	7600	7110	4550	11400	1100	100660	6296	115.62	94248.38

图9-21 类别工资汇总表数据

9.2.3 利用分类汇总功能进行汇总

分类汇总功能是对选定的不同项目按照求和、平均值等方式进行汇总，是Excel提供的重要便利汇总功能。

1. 按照部门进行分类汇总　先选中工资表的部门列，按照部门进行升序或者降序排序，如图9-22所示。

图9-22 排序

排序完毕，选择【数据】菜单下的【分类汇总】功能，在分类字段区域选定"部门"，在汇总方式区域选中"求和"，在选定汇总项区域选中"基本工资、应发工资、实发工资"三项，如图9-23所示。

第 9 章　利用 Excel 进行工资核算

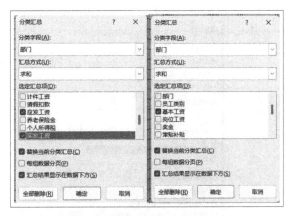

图 9-23　按设定部门分类汇总条件

点击"确定",完成分类汇总,结果如图 9-24 所示。

员工代码	姓名	性别	部门	员工类别	基本工资	岗位工资	奖金	津贴补贴	计件	请假扣款	应发工资	养老	个人所得	实发工资	请假天数	计件数量	应纳税所得额
00002	李玲	女	办公室	管理人员	3500	500	350	200		0	4550	320	0	4230			-770
00003	李佑	男	办公室	管理人员	3000	500	300	200		200	3800	280	0	3520	2		-1480
			办公室 汇总		6500						8350			7750			-2250
00004	王二宝	男	财务部	管理人员	3800	500	380	200		0	4880	344	0	4536			-464
00005	李宁	女	财务部	管理人员	4000	500	400	200		0	5100	360	0	4740			-260
00006	顾发伟	男	财务部	管理人员	4000	500	400	200		300	4800	360	0	4440	3		-560
			财务部 汇总		11800						14780			13716			-1284
00007	刘立斌	男	采购部	管理人员	3500	500	350	200		0	4550	320	0	4230			-770
00008	吴泽群	男	采购部	管理人员	3000	500	300	200		0	4000	280	0	3720			-1280
			采购部 汇总		6500						8550			7950			-2050
00014	刘海	男	车间	生产工人	5000	300	500	150		500	5450	424	0.78	5025.22	5		26
00017	李伟明	男	车间	生产工人	4500	300	450	150		0	5400	384	0.48	5015.52			16
00019	赵凯	男	车间	生产工人				150	4800	0	4950		0	4950		40	-50
00020	赵明风	男	车间	生产工人				150	6600	0	6750		52.5	6697.5		55	1750
			车间 汇总		9500						22550			21688.24			1742
00013	张铮	男	车间管理部	车间管理	5500	300	550	150		0	6500	464	31.08	6004.92			1036
			车间管理部 汇总		5500						6500			6004.92			1036
00001	王亚发	男	经理室	管理人员	3500	500	350	200		0	4550	320	0	4230			-770
			经理室 汇总		3500						4550			4230			-770
00015	李强	男	人力资源部	管理人员	3500	500	350	200		0	4550	320	0	4230			-770
00016	李丽君	女	人力资源部	管理人员	4500	500	450	200		0	5650	400	7.5	5242.5			250
00018	王飞	女	人力资源部	管理人员	4000	500	400	200		0	5100	360	0	4740			-260

图 9-24　按照部门分类汇总结果

2. 按照员工类别进行分类汇总　先选中工资表的员工类别列,按照员工类别进行升序或者降序排序,如图 9-25 所示。

图 9-25　排序

排序完毕,选择【数据】菜单下的【分类汇总】功能,在分类字段区域选定"员工类别",在汇总方式区域选中"求和",在选定汇总项区域选中"基本工资、岗位工资、奖金"三项,如图 9-26 所示。

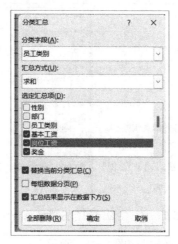

图9-26 按设定部门分类汇总条件

点击"确定",完成分类汇总,结果如图9-27所示。

员工代码	姓名	性别	部门	员工类别	基本工资	岗位工资	奖金	津贴补贴	计件	请假扣款	应发工资	养老	个人所得税	实发工资	请假天数	计件数量	应纳税所得额
00013	张锋	男	车间管理	车间管理	5500	300	550	150	0	0	6500	464	31.08	6004.92			1036
				车间管理 汇总	5500	300	550										1036
00001	王重发	男	经理室	管理人员	3500	500	350	200	0	0	4550	320	0	4230			-770
00002	李玲	女	办公室	管理人员	3500	500	350	200	0	0	4550	320	0	4230			-770
00003	李佑	男	办公室	管理人员	3000	500	300	200	0	200	3800	280	0	3520	2		-1480
00004	王二宝	男	财务部	管理人员	3800	500	380	200	0	0	4880	344	0	4536			-464
00005	李宁	女	财务部	管理人员	4000	500	400	200	0	0	5100	360	0	4740			-260
00006	顾发伟	男	财务部	管理人员	4000	500	400	200	0	300	4800	360	0	4440	3		-560
00007	刘立斌	男	采购部	管理人员	3500	500	350	200	0	0	4550	320	0	4230			-770
00008	吴泽群	男	采购部	管理人员	3000	500	300	200	0	0	4000	280	0	3720			-1280
00015	李强	男	人力资源部	管理人员	3500	500	350	200	0	0	4550	320	0	4230			-770
00016	李丽君	女	人力资源部	管理人员	4500	500	450	200	0	0	5650	400	7.5	5242.5			250
00018	王飞	男	人力资源部	管理人员	4000	500	400	200	0	0	5100	360	0	4740			-260
				管理人员 汇总	40300	5500	4030										-7134
00014	刘海	男	车间	生产工人	5000	300	500	150	0	500	5450	424	0.78	5025.22	5		26
00017	李伟明	男	车间	生产工人	4500	300	450	150	0	0	5400	384	0.48	5015.52			16
00019	赵凯	男	车间	生产工人				150	4800	0	4950	0	0	4950		40	-50
00020	赵明风	男	车间	生产工人				150	6600	0	6750	0	52.5	6697.5		55	1750
				生产工人 汇总	9500	600	950										1742
00009	姚亮	男	销售部	销售人员	3000	300	300	400	0	100	3900	264	0	3636	1		-1364
00010	李明	男	销售部	销售人员	3800	300	380	400	0	0	4880	328	0	4552			-448
00011	刘伟	男	销售部	销售人员	4000	300	400	400	0	0	5100	344	0	4756			-244

图9-27 按照部门分类汇总结果

用户还可以按照其他工资项目进行分类汇总,汇总步骤同上,不再重复。

9.3 生成工资条

工资条是员工所在单位定期给员工反映工资的纸条,该纸条上给出了工资的各项明细项目,利用Excel可以自动生成工资条,将其打印出来发放给员工。

自动生成工资条的格式,应当是在工资表的基础上,每个员工一行标题一行工资项目数据内容,每个员工之间应该隔开一行。工资条的格式如图9-28所示。

员工代码	姓名	性别	部门	员工类别	基本工资	岗位工资	奖金	津贴补贴	计件工资	请假扣款	应发工资
00001	王重发	男	经理室	管理人员							
员工代码	姓名	性别	部门	员工类别	基本工资	岗位工资	奖金	津贴补贴	计件工资	请假扣款	应发工资
00002	李玲	女	办公室	管理人员							
员工代码	姓名	性别	部门	员工类别	基本工资	岗位工资	奖金	津贴补贴	计件工资	请假扣款	应发工资
00003	李佑	男	办公室	管理人员							

图9-28 工资条格式

制作分析如下：

1. 工资条的第 1 行要取"工资表"的第一行标题。
2. 工资条的第 2 行要取"工资表"的第二行即第一个员工的数据。
3. 工资条的第 3 行要求是空行。
4. 工资条的第 4 行要取"工资表"的第一行标题。
5. 工资条的第 5 行要取"工资表"的第三行即第二个员工的数据。
6. 工资条的第 6 行要求是空行。
7. 工资条的第 7 行要取"工资表"的第一行标题。
8. 工资条的第 8 行要取"工资表"的第四行即第三个员工的数据。
9. 工资条的第 9 行要求是空行。
10. 依此类推。

因此，如果工资条的行数除以 3 的余数为零，则为空行；如果工资条的行数除以 3 的余数为 1，则取工资表的标题栏目；如果工资条的行数除以 3 的余数为 2，则取员工数据，其中工资表的第 2、5、8、11、…行取工资表的第 2、3、4、5、…行，按照数学方法，"(工资条的行数＋4)/3"正好等于需要获取的工资表的行数。

按照上述分析，公式设置如下：

选择工资条的 A1 单元格，输入公式"＝IF(MOD(ROW(),3)＝0,"",IF(MOD(ROW(),3)＝1,工资表!A$1,INDEX(工资表!$A:$O,INT((ROW()＋4)/3),COLUMN())))"。

向下拖动快速复制公式、向右拖动快速复制公式即可，结果如图 9-29 所示。

图 9-29　工资条

9.4 工资数据的查询

Excel 提供了强大的数据查询功能，该功能可以通过自动筛选实现，也可以利用 VLOOKUP 函数实现。

9.4.1 利用筛选功能进行工资数据的查询

如果利用数据筛选功能进行工资数据的查询，需要进入筛选状态，选择【数据】菜单下【筛选】下的“自动筛选”功能，进入筛选状态，如图 9 - 30 所示。

	A	B	C	D	E	F	G	H
1	员工代码	姓名	性别	部门	员工类别	基本工资	岗位工资	奖金
2	00001	王重发	男	经理室	管理人员	3500	500	350
3	00002	李玲	女	办公室	管理人员		500	350
4	00003	李佑	男	办公室	管理人员		500	300
5	00004	王二宝	男	财务部	管理人员	3800	500	380
6	00005	李宁	女	财务部	管理人员	4000	500	400
7	00006	顾发伟	男	财务部	管理人员	4000	500	400
8	00007	刘立斌	男	采购部	管理人员	3500	500	350

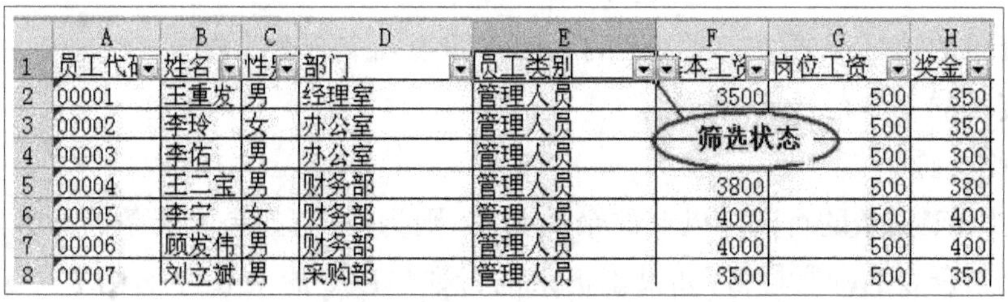

图 9 - 30 筛选状态

1. 按照员工姓名进行工资数据查询 例如查询“李佑”的该月工资细目，则在 B1 单元格中点击向下的小箭头，从中选择“李佑”则出现该职工的工资细目，如图 9 - 31 所示。

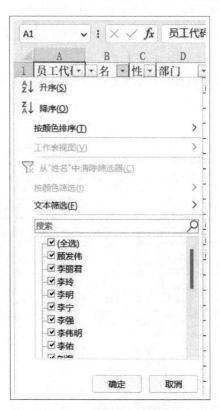

图 9 - 31 按照员工姓名查询

2. 按照部门进行查询 例如查询"人力资源部"的职工工资情况。单击"部门"下拉列表按钮,并选择"人力资源部",查询结果如图 9-32 所示。

图 9-32 按照部门查询工资

3. 按照性别和实发工资进行组合查询 比如"要查询性别为男、员工的实发工资大于 3500 元小于 4500 元的员工工资",首先单击"性别"单元格中的下拉箭头,选择"男",筛选出所有男性员工的工资数据,然后在此基础上,选择"实发工资"下拉列表,选择"自定义"功能,出现条件选项,如图 9-33 所示。

图 9-33 自定义条件

按照其他的工资项目进行工资数据查询的操作过程与上述方法相同,不再重复解释。

9.4.2 利用 VLOOKUP 函数进行工资数据的查询

VLOOKUP 函数在第三章已经详细讲解其用法,使用 VLOOKUP 函数可以实现数据的条件查找。

以"员工代码"为依据,来查找该员工相关的信息,其具体操作步骤如下:

[1] 设置按照员工代码查找的查询界面,标题用灰色填充,主查询界面用黄色填充,员工代码对应的 B3 单元格不填充(为美观可以在【格式】菜单下【单元格】下修饰 B3 单元格左侧和上侧的边框)。结果如图 9-34 所示。

[2] 选中 B3 单元格,为了便于选择员工代码,设置该单元格数据有效性控制,点击【数据】菜单下【数据验证】,在"允许"区域选择"序列",在"来源"区域选择"=INDIRECT("工资表!A2:A200")",结果如图 9-35 所示。

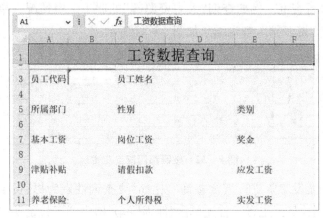

图9-34 查询界面

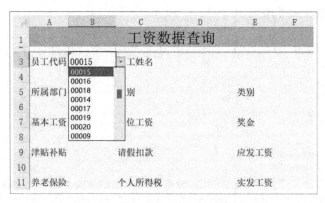

图9-35 设置员工代码数据有效性

[3]选中工资数据查询"员工姓名"单元格D3,运用VLOOKUP函数进行提取数据,公式为"=VLOOKUP(B3,工资表!＄A＄2:＄O＄200,2)";其他工资项目查找公式同上,仅仅是把VLOOKUP函数的第三个参数变为3、4、5、6等。

[4]经过上述操作,查询界面完成,最终查询结果如图9-36所示。

图9-36 查询结果

9.4.3 利用数据透视功能进行汇总查询

数据透视功能形成数据透视表和数据透视图。数据透视表是一种交互式报表,可以快速比较和合并大量数据,它具有的透视和筛选能力使其具有强大的数据分析能力;数据透视图是对透视表以图形来直观表述。透视功能与分类汇总功能不能重复使用。

1. 利用透视表和透视图查询不同类别员工的应发工资合计数　操作步骤如下:

[1] 选择【插入】菜单下【数据透视表和数据透视图】功能,如图 9-37 所示。

图 9-37　数据透视图菜单

[2] 出现向导,选择"数据透视图(及数据透视表)",点"下一步",如图 9-38 所示。

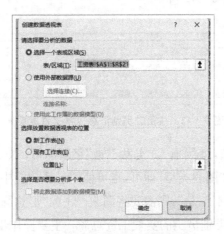

图 9-38　选择报表类型

[3] 出现建立数据透视表区域选择框,用户可以修改,如图 9-39 所示。

图 9-39　选择透视区域

[4] 点击"下一步",进入建立透视表的位置向导,选择"新工作表",如图 9-40 所示。

图 9-40　透视表位置

[5] 点击"完成",要求确定数据区域、行、列分类字段等内容,按照本例要求,在中央数据区域拖入"应发工资"字段,默认如果为"计数项 应发工资",需要双击修改为"求和项 应发工资"。在底部分类字段处拖入"员工类别"即可完成不同类别员工应发工资汇总显示,透视图如图 9-41 所示。

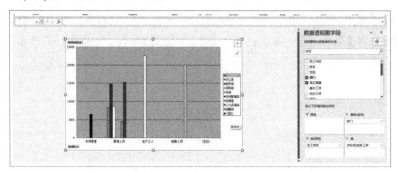

图 9-41 按员工类别汇总应发工资透视图

[6] 对应的透视表如图 9-42 所示。

图 9-42 按员工类别汇总应发工资透视表

如果还要查询实发工资,继续拖入"实发工资"字段即可。如果想要改变中间的透视图形,可以点击鼠标右键选择"图表类型"即可,也可使用悬浮功能中的图形类型。如果把该透视图命名为"应发工资按类别汇总",则需要将图 9-41 的"汇总"标题进行修改。

2. 查询各个部门每一类别员工的实发工资总额　主要操作步骤为:

[1] 向导操作步骤同上,进入数据选择区域,在中央数据区域拖入"实发工资"字段,默认如果为"计数项 实发工资",需要双击修改为"求和项 实发工资"。

[2] 在底部分类字段处拖入"员工类别"。

[3] 在右侧放置系列字段区域拖入"部门"。

[4] 点击鼠标右键,设置图形类型,如图 9-43 所示。

图 9-43 图表类型选择

[5] 进入图表类型,选择柱形图第一个,如图 9-44 所示。

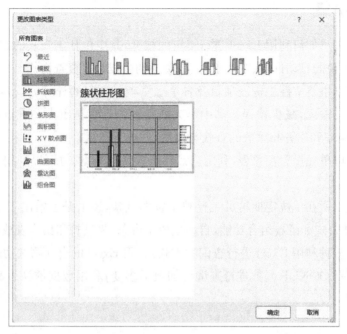

图 9-44　选择柱状图

[6] 点击"确定",完成各部门中每一类别员工的实发工资汇总显示,透视图如图 9-45 所示。

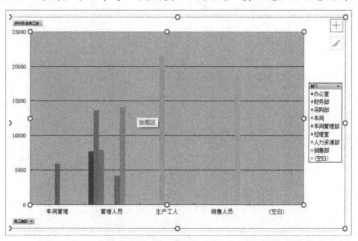

图 9-45　各部门中每一类别员工实发工资求和透视图

[7] 对应的透视表如图 9-46 所示。

	A	B	C	D	E	F	G	H	I	J	K
1						将报表筛选字段拖至此处					
2											
3	求和项:实发工资	部门									
4	员工类别	办公室	财务部	采购部	车间	车间管理部	经理室	人力资源部	销售部	(空白)	总计
5	车间管理					5887.4					5887.4
6	管理人员	7727.5	13619.52	7921.5			4208.1	14090.9			47567.52
7	生产工人				21384.3						21384.3
8	销售人员								18524.08		18524.08
9	(空白)										
10	总计	7727.5	13619.52	7921.5	21384.3	5887.4	4208.1	14090.9	18524.08		93363.3

图 9-46　各部门中每一类别员工实发工资求和透视表

9.5 本章小结

本章详细讲解了如何利用 Excel 进行工资的核算,其中包括工资表的编制、工资项目公式设置、个人所得税的自动计算、工资汇总、工资条的生成和工资查询等。

工资表的编制主要掌握工资表项目及各个工资项目之间的计算公式,对于能够自动计算的项目无需手工输入,减少错误。其中个人所得税的计算是重点和难点,利用 VLOOKUP 函数等进行税率和速算扣除数的查找与引用,并进行计算。

工资汇总可以单独设置汇总表,利用公式和函数获取数据,也可以利用 Excel 的分类汇总功能进行。

工资条是员工所在单位定期给员工反映工资的纸条,该纸条上给出了工资的各项明细项目,利用 Excel 公式和函数组合功能,自动生成工资条,将其打印出来发放给员工。

本章介绍了三种利用 Excel 进行查询的方式:利用 Excel 的自动筛选功能进行工资查询快速方便;利用 VLOOKUP 函数进行查询更加灵活多变;利用数据透视表和透视图进行查询更加立体直观。

第 10 章
利用 Excel 管理固定资产

企业进行日常生产经营活动离不开固定资产,一般来说固定资产在总资产中所占的比重是相当大的,所以做好固定资产的管理,就显得尤为重要。固定资产管理也是财务管理工作的重要组成部分,本章从 Excel 应用的角度来讲述如何管理固定资产。

本章要点:
- 固定资产初始卡片管理
- 固定资产增减变动管理
- 固定资产折旧的计提
- 固定资产信息查询

10.1 固定资产管理概述

固定资产是指企业经营中使用年限超过 1 年、使用中保持实物形态不变的各项资产,如房屋、机器设备、车辆等。企业根据自身的实际情况制定企业的固定资产目录与分类方法、选择固定资产的折旧年限和折旧方法,从而进行企业固定资产的核算与管理。随着计算机的发展,特别是 Excel 及财务软件的普及应用,使得这项工作越来越简单,同时也越来越精确。

10.1.1 固定资产分类

固定资产可以按其经济用途、使用情况、产权归属、实物形态和使用期限进行分类核算。

1. **按经济用途** 分为生产经营用和非生产经营用两类。生产经营固定资产是指直接服务于生产经营全过程的固定资产,如厂房、机器设备、仓库、销售场所、运输车辆等。非生产经营用固定资产是指不直接服务于生产经营,而是为了满足职工物质文化、生活福利需要的固定资产,如职工宿舍、食堂、托儿所、幼儿园、浴室、医务室、图书馆以及科研等其他方面使用的房屋、设备等固定资产。

2. **按使用情况** 分为使用中、未使用、不需用三类。使用中固定资产是指企业正在使用的各种固定资产,包括由于季节性和大修理等原因暂时停用以及存放在使用部门以备替换使用的机器设备。未使用固定资产是指尚未投入使用的新增固定资产和经批准停止使用的固定资产。不需用固定资产是指企业不需用、准备处理的固定资产。

3. 按产权归属 分为自有、接受投资和租入三类。
4. 按实物形态 分为房屋及建筑物、机器设备、办公设备、运输设备及其他设备五大类。

10.1.2 固定资产管理

固定资产管理的主要内容是固定资产的范围、分类和计价的确定；固定资产的增加、使用、维护和处置；固定资产清查盘点；固定资产账务管理等。利用 Excel 进行固定资产管理具体表现为固定资产卡片管理、固定资产增减变动管理、固定资产计提折旧、固定资产数据查询等。

10.2 固定资产卡片的建立

固定资产管理首先从固定资产卡片的管理入手，即一个资产对应一张卡片，卡片记录了固定资产的所有必要数据，如规格型号、存放地点、原值、使用年限等。在 Excel 中为了便于核算和管理，一般固定资产卡片以记录的形式表示，即工作表的一条记录为一个卡片，对应一个资产。一条记录包含固定资产卡片中所有必要字段项目，若干固定资产卡片记录构成的工作表就是固定资产卡片列表。

10.2.1 固定资产卡片项目设置

每个固定资产都有自己的一张卡片记录着该资产的所有必要信息，如固定资产编号、固定资产名称、固定资产类别、规格型号、所属部门、增加方式、开始使用日期、原值、累计折旧、净值、残值率、折旧方法等。固定资产卡片的建立就是将上述固定资产的主要项目信息输入 Excel 表格。

【例 10-1】 某公司固定资产卡片信息包含：类别编码、类别名称、固定资产编号、固定资产名称、规格型号、所属部门、增加方式、使用状况、使用年限、开始使用日期、已使用月份、总工作量、原值、累计折旧、净值、残值率、折旧方法。

操作步骤

[1] 打开固定资产管理工作簿，选中一个工作表，修改为"固定资产卡片"，如图 10-1 所示。

图 10-1 修改工作表名称

[2] 选中固定资产卡片工作表第一行，按照上述例题输入卡片项目，结果如图 10-2 所示。

图 10-2 固定资产卡片项目

[3] 点击工具栏中的"保存",完成固定资产卡片项目的输入。

10.2.2 固定资产卡片项目取数设置

设置好固定资产卡片项目后,可以对企业的各个固定资产卡片信息进行录入,有些内容需要手工输入,有些内容可以设置公式生成。为了避免录入过程中出现错误,对有些卡片项目还可以使用数据有效性控制。

1. 固定资产类别　采用数据有效性控制进行选择。

【例10-2】　企业固定资产分为四类:房屋建筑物(F)、机器设备(J)、办公设备(B)、运输工具(Y),上述括号内为类别编码。

操作步骤

[1] 选中固定资产类别编码单元格A2,点击【数据】菜单下【数据验证】功能,在"允许"区域选中"序列",在"来源"区域输入"房屋建筑物,机器设备,办公设备,运输工具",结果如图10-3所示。

图10-3　类别编码数据有效性

[2] 点击"确定",A2单元格出现下拉列表,如图10-4所示。

图10-4　类别编码设置结果

[3] 选中A2单元格右下角,出现"+"符号,向下拖动快速复制公式,完成类别编码的设置。

2. 固定资产类别名称　按照选定的类别编码,自动显示名称。该操作使用IF条件函数进行判断。操作步骤为:

[1] 选中类别名称单元格B2,输入公式"=IF(A2="","",IF(A2="F","房屋建筑物",IF(A2="J","机器设备",IF(A2="B","办公设备","运输工具"))))",如图10-5所示。

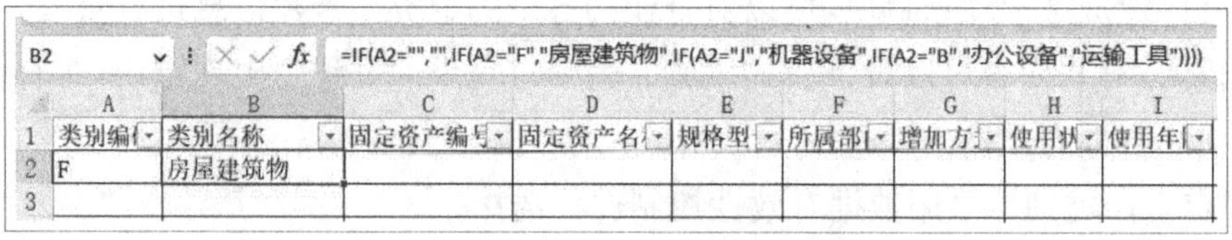
B2 =IF(A2="","",IF(A2="F","房屋建筑物",IF(A2="J","机器设备",IF(A2="B","办公设备","运输工具"))))

	A	B	C	D	E	F	G	H	I
1	类别编(	类别名称	固定资产编号	固定资产名(	规格型	所属部(	增加方(	使用状	使用年(
2	F	房屋建筑物							
3									

图10-5 类别名称公式设置

[2] 选中B2单元格右下角,向下快速复制公式至B列即可。

3. 固定资产编号 可以使用公式自动生成。固定资产编号是固定资产唯一的标识号,不能重复,既可以手工输入顺序编码,也可以组合编码,组合编码一般可以采用"资产类别+顺序号"的形式。手工顺序编码比较简单,下面用例子来说明如何进行组合编码。

【例10-3】 单位卡片按照"资产类别+顺序号"编号,要求顺序号按照"0001、0002"等格式出现,并且按照行次自动生成。确定资产类别后,卡片会按照"类别编号+顺序号"自动编码,如资产类别编码为F,则自动编号为F0001。

操作步骤

[1] 选中固定资产编号单元格C2,输入公式"=IF(A2="","",A2&TEXT(ROW()-1,"0000"))",结果如图10-6所示。

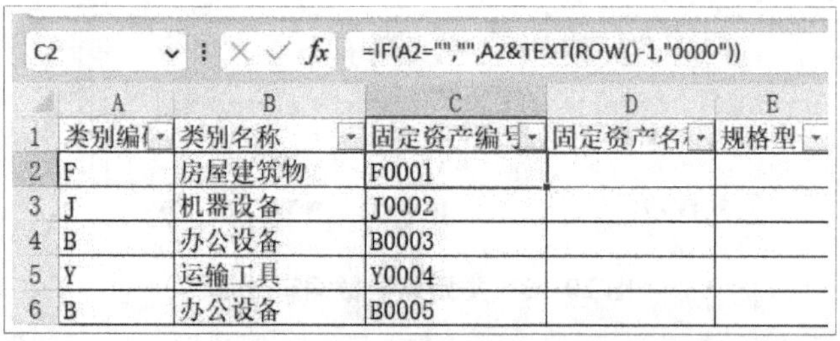
C2 =IF(A2="","",A2&TEXT(ROW()-1,"0000"))

	A	B	C	D	E
1	类别编(	类别名称	固定资产编号	固定资产名(	规格型
2	F	房屋建筑物	F0001		
3	J	机器设备	J0002		
4	B	办公设备	B0003		
5	Y	运输工具	Y0004		
6	B	办公设备	B0005		

图10-6 固定资产自动编号

[2] 向下拖动快速复制至C列,完成公式设置。

公式说明:

- 判断A2是否选择了类别,如果没有选择,则编码为空。
- "TEXT(ROW()-1,"0000")"表示从第二行开始以"0001"的形式编号。
- "A2&"表示把A2的字符与自动编号组合。

4. 固定资产名称、规格型号、使用年限、开始使用日期、总工作量、已完成工作量、原值、累计折旧、残值率 可以手工输入,其中"已完成工作量"首次可以输入,后期可以通过每期使用的工作量相加计算得到;"累计折旧"首次可以输入,也可以通过折旧公式计算得到,以后各期可以通过每次提取的折旧额与首次累计折旧相加计算得到,用户可以自行参考设置公式。

5. 所属部门、增加方式、使用状态 可以设置为数据有效性控制。如果企业部门有"经理室、办公室、财务部、采购部、销售部、人力资源部、车间管理部、生产车间",操作步骤为:选中部门列 F 列,点击【数据】菜单下的【数据验证】,在"允许"区域选择"序列",在"来源"区域输入上述部门,结果如图 10-7 所示。

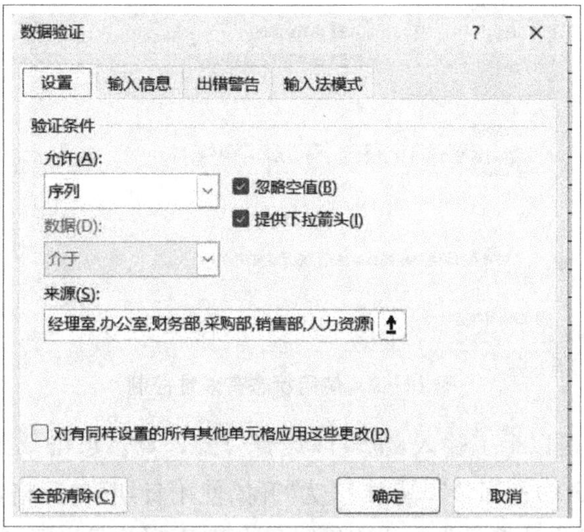

图 10-7 部门数据有效性控制

增加方式主要有"外购、自建、投资投入、经营租入、融资租入、捐赠、非货币性资产交换"等,操作步骤同上,结果如图 10-8 所示。

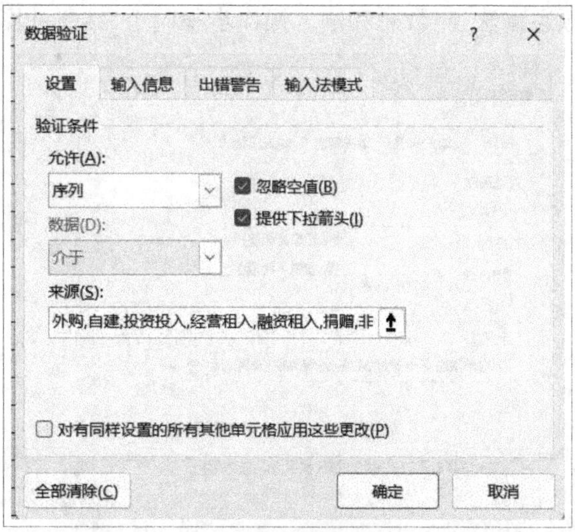

图 10-8 增加方式数据有效性控制

使用状态一般有"在用、季节性停用、经营性租出、改扩建停用、未使用"等,设置步骤同上,设置结果如图 10-9 所示。

图 10-9 使用状态有效性控制

6. 已使用月份 可以手工输入,也可以设置公式计算。点击单元格 K2,输入公式"＝DATEDIF(J2,TODAY(),"M")",其中 J2 为"开始使用日期"单元格,TODAY 函数是取当前系统日期,M 参数是指计算月份。快速复制公式至 K 列单元格即可。

7. 净值项目 可以通过原值减去累计折旧后计算得到。选中净值列所在单元格 P2,输入公式"＝N2－O2",向下拖动快速复制公式。

8. 折旧方法项目 可以通过设置数据有效性控制来选择,常用的折旧方法有平均年限法、工作量法、双倍余额递减法、年数总和法。操作步骤同上,结果如图 10-10 所示。

图 10-10 折旧方法有效性控制

10.2.3 期初固定资产卡片的录入

固定资产卡片期初录入是计算机和手工结合的一个接口,将目前存在的固定资产数据录入 Excel 的固定资产卡片中,保证固定资产卡片数据的完整性。期初的固定资产卡片数据只需要输入一次,以后各期即可以获得该数据。

为了区分输入的是期初固定资产还是本期新增的固定资产,需要在"增加方式"的有效性来源内容中增加"期初"一项。

【例10-4】 假如某企业2021年1月期初固定资产如表10-1所示。

表10-1 固定资产表

类别	名称	增加方式	使用部门	使用状态	开始使用日期	使用年限	原值	累计折旧	总工作量	已完成工作量	残值率	折旧方法
房屋建筑物	厂房	期初	生产车间	在用	2020.08.10	30年	6 000 000				5%	平均年限法
机器设备	机床	期初	生产车间	在用	2020.11.05	10年	500 000				5%	平均年限法
办公设备	计算机	期初	办公室	在用	2021.01.20	5年	6500				5%	平均年限法
运输工具	轿车	期初	销售部	在用	2021.02.10		240 000		30万公里	2万公里	5%	工作量法

按照上表数据录入期初卡片数据。

操作步骤

[1] 为了在卡片中显示出该资产是期初资产,在"增加方式"列中增加一项"期初",结果如图10-11所示。

图10-11 增加"期初"数据有效性

[2] 选中类别编号,类别名称和资产编号自动生成,选中增加方式为"期初",为了便于计算,把使用年限折算为月份录入,其他按照例子中的信息选择输入,结果如图10-12所示。

图10-12 输入期初固定资产卡片

[3] 上述操作还可以使用记录单方式进行录入和查询,选择【数据】菜单下【记录单】命令,出现记录单界面,按照例子中数据录入第一条,保存后点"新建"继续录入即可,如图10-13所示。

图 10-13　记录单录入和查询固定资产卡片

10.3　固定资产增减变动处理

进入日常固定资产管理业务,发生固定资产增加、减少和变动的业务,需要对相应的数据进行存储,便于计算汇总各项数据时使用。在财务上还需要进行账务处理,形成相应的会计分录记录。

10.3.1　新增固定资产

新增固定资产时增加相应的卡片记录,可以直接输入,也可以采用记录单输入,和期初输入方法相同,但是在"增加方式"栏目中需要选择相应的增加方式。

假如当前日期为2022年1月2日,经批准,财务部购买笔记本一台,价值1万元,预计残值率为5%,预计使用5年,使用年数总和法计提折旧。可以采用直接录入方法或者记录单输入方法进行输入,输入结果如图10-14、图10-15、图10-16所示。

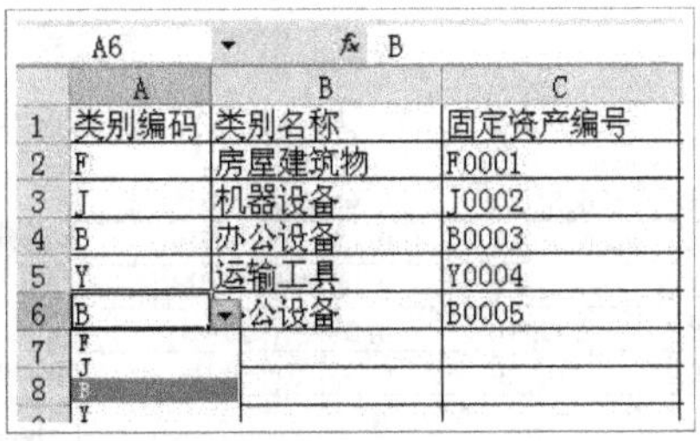

图 10-14 增加编号

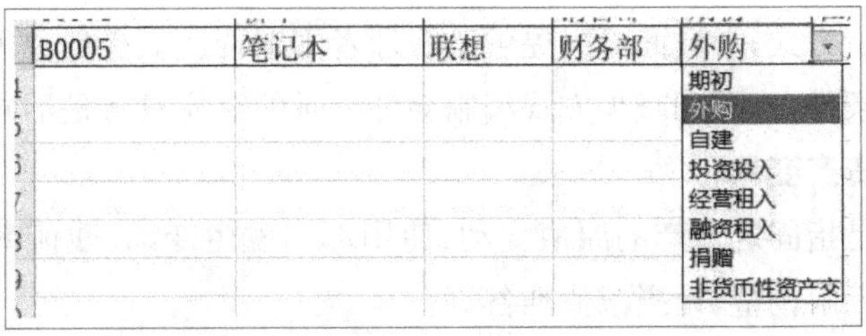

图 10-15 名称、型号、部门及增加方式

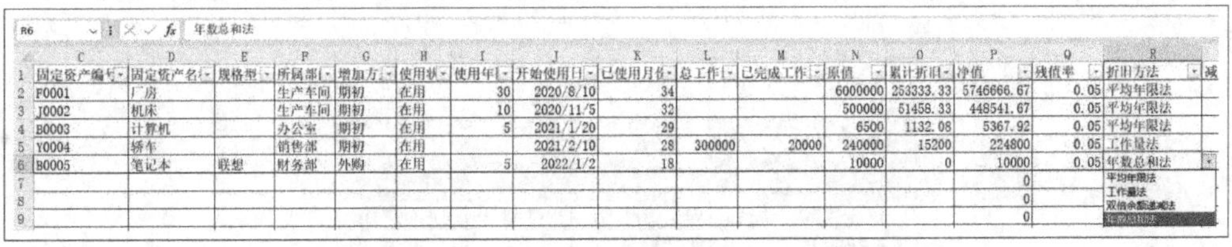

图 10-16 使用年限、原值、残值率及折旧方法

10.3.2 固定资产减少

固定资产处置、报废或者毁损，需要对该卡片进行标识，增加"减少方式"列，在减少方式下增加"报废、毁损、出售、盘亏、融资租出、投资转出、捐赠转出"，如图 10-17 所示。

图 10-17 减少方式数据有效性控制

结果如图10-18所示。

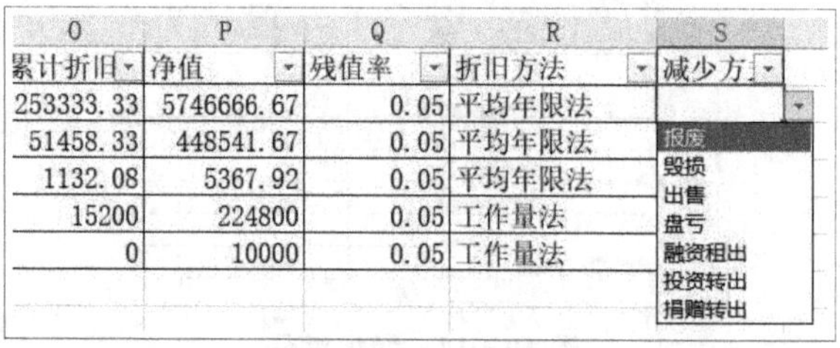

图10-18 设置结果

设置不同的减少方式,一方面可以提供给管理者固定资产减少的原因信息,另一方面为账务处理提供判断条件,不同的减少方式编制会计分录的对应科目是不同的。

10.3.3 固定资产变动

固定资产变动是指固定资产的原值变动、使用部门发生变动、残值率变动、折旧方法调整、类别调整、使用年限调整、计提减值准备等。

假如办公室使用的计算机转移给采购部使用,则操作处理过程如下:

[1] 找到相应的记录,如果记录过多,可以采用自动筛选功能进行查询,如图10-19所示。

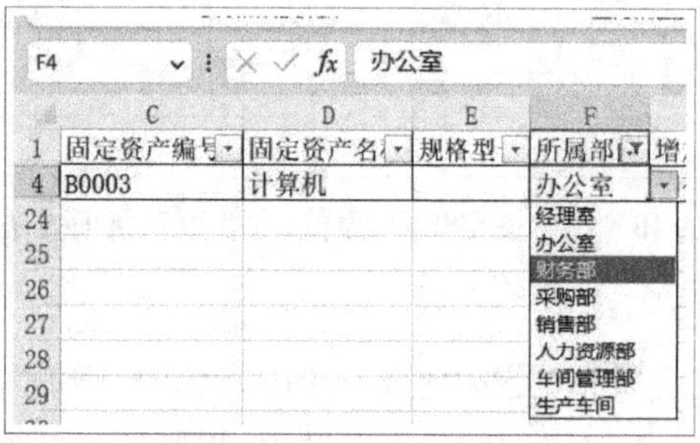

图10-19 部门转移

[2] 修改部门"办公室"为"采购部"即可。

部门转移的数据一方面提供给管理者资产使用部门的变动信息,另一方面编制会计分录时,为提取折旧对应的成本费用科目提供判断依据。

需要提取减值准备的固定资产,需要在累计折旧和净值之间增加一列"减值准备",输入提取额度,净值的公式变更为"=原值-累计折旧-固定资产减值准备"。

10.4 固定资产折旧的计提

固定资产在使用寿命内,按照确定的方法对应计提折旧额进行系统分摊,应计提折旧额是应当计提折旧的固定资产原值扣除其预计净残值后的金额,提取了减值准备的固定资产,还应当扣除已经计提的固定资产减值准备金额。

常见的折旧方法包括平均年限法、工作量法、双倍余额递减法和年数总和法。提取折旧可以自行设置公式，也可以使用 Excel 提供的函数。

10.4.1　固定资产折旧函数

SLN 函数、DDB 函数和 SYD 函数是常见的折旧方法，其中 SLN 函数为平均年限法函数，DDB 函数为双倍余额递减法函数，SYD 函数是年数总和法函数，用户可以直接引用进行折旧的计提。

1. SLN 函数　为平均年限法计提折旧使用的函数。该函数的格式为"SLN(cost，salvage，life)"，其中：

- cost 为资产原值；
- salvage 为资产在折旧期末的价值，即资产残值；
- life 为折旧期限，有时也称为使用寿命；
- 所有的参数值必须都是正数，否则将返回错误值"#NUM!"。

【例 10-5】　固定资产原值为 10000 元，预计残值率为 5%，预计使用年限为 5 年，采用直线法计提折旧。

操作步骤

[1] 将原值、残值及使用年限输入 Excel，残值单元格 D1 设置公式为"=B1*0.05"，结果如图 10-20 所示。

D1　=B1*0.05

	A	B	C	D	E	F
1	原值	10000	残值	500	使用年限	5
2	提取折旧年限	使用SLN函数	使用DDB函数	使用SYD函数		
3	1					
4	2					
5	3					
6	4					
7	5					

图 10-20　输入原值、残值和使用年限

[2] 选中单元格 B3，输入公式"=SLN($B$1，$D$1，$F$1)"，向下拖动快速复制公式至 B8 单元格，结果如图 10-21 所示。

B3　=SLN($B$1,$D$1,$F$1)

	A	B	C	D	E	F
1	原值	10000	残值	500	使用年限	5
2	提取折旧年限	使用SLN函数	使用DDB函数	使用SYD函数		
3	1	¥1,900.00				
4	2	¥1,900.00				
5	3	¥1,900.00				
6	4	¥1,900.00				
7	5	¥1,900.00				

图 10-21　SLN 函数计提折旧

值得注意的是：使用 SLN 函数得出的结果都是四舍五入取整的，最后一年需要进行判断进行修正，以保证计提额度不会超过应计提折旧的金额，即最后一年应该使用公式“原值－残值－前四年提取的折旧额”。如果单位折旧额保留两位小数，可以使用公式进行计提，公式为“ROUND((原值－残值)/使用年限,2)”。

2. DDB 函数　双倍余额递减法计提折旧使用的函数。该函数格式为“DDB(cost,salvage,life,period,factor)”，其中：

- cost 为固定资产原值；
- salvage 为固定资产残值；
- life 为预计使用年限或月份；
- period 为提取折旧的年限或月份；
- factor 默认为 2，指双倍余额递减法，如果为 3，则表示三倍余额递减。

按照上例，在 C3 单元格输入公式“＝DDB($B$1,$D$1,$F$1,A3)”，向下拖动快速复制公式，结果如图 10－22 所示。

C3　=DDB($B$1,$D$1,$F$1,A3)

	A	B	C	D	E	F
1	原值	10000	残值	500	使用年限	5
2	提取折旧年限	使用SLN函数	使用DDB函数	使用SYD函数		
3	1	¥1,900.00	¥4,000.00			
4	2	¥1,900.00	¥2,400.00			
5	3	¥1,900.00	¥1,440.00			
6	4	¥1,900.00	¥864.00			
7	5	¥1,900.00	¥518.40			

图 10－22　DDB 函数提取折旧

上述计算结果的合计数为 9222 元，不等于原值减去残值的数额 9500 元，按照采用双倍余额递减法的要求，最后两年要求使用平均年限法计提折旧。

修改第四年和第五年公式为“＝(B1－D1－C3－C4－C5)/2”，结果如图 10－23 所示。

C6　=(B1-D1-C3-C4-C5)/2

	A	B	C	D	E	F
1	原值	10000	残值	500	使用年限	5
2	提取折旧年限	使用SLN函数	使用DDB函数	使用SYD函数		
3	1	¥1,900.00	¥4,000.00			
4	2	¥1,900.00	¥2,400.00			
5	3	¥1,900.00	¥1,440.00			
6	4	¥1,900.00	¥830.00			
7	5	¥1,900.00	¥830.00			

图 10－23　最后两年调整

3. SYD 函数　为年数总和法计提折旧使用的函数。该函数格式为“SYD(cost,salvage,life,period)”，其中：

- cost 为固定资产原值；
- salvage 为固定资产残值；

- life 为预计使用年限或月份；
- period 为提取折旧的年限或月份。

按照上例，在 C3 单元格输入公式“＝SYD($B$1, $D$1, $F$1, A3)”，向下拖动快速复制公式，结果如图 10－24 所示。

D3　=SYD($B$1,$D$1,$F$1,A3)

	A	B	C	D	E	F
1	原值	10000	残值	500	使用年限	5
2	提取折旧年限	使用SLN函数	使用DDB函数	使用SYD函数		
3	1	¥1, 900. 00	¥4, 000. 00	¥3, 167		
4	2	¥1, 900. 00	¥2, 400. 00	¥2, 533		
5	3	¥1, 900. 00	¥1, 440. 00	¥1, 900		
6	4	¥1, 900. 00	¥830. 00	¥1, 267		
7	5	¥1, 900. 00	¥830. 00	¥633		

图 10－24　年数总和法计提折旧

10.4.2　计提折旧

上述介绍了几个折旧函数，本节利用学过的公式和函数对企业存在的固定资产计提折旧。

1. 设置固定资产计提折旧表　由于固定资产提取折旧时有如下特殊情况：已提足折旧继续使用的固定资产不再提取折旧；最后一期提取折旧，保证折旧额不能超过固定资产的剩余价值；本月新增固定资产本月不提折旧。因此固定资产折旧表中增加了“修正本期折旧额”“最终本期折旧额”两列，便于调整按照公式计算的本期折旧额，结果如图 10－25 所示。

A1　类别编码

	A	B	C	D	E	F	G	H	I	J	K
1	类别编	类别名称	固定资	固定资	所属部门	增加方	减少方	本期工作	本期折旧额	修正本期折旧	最终本期折旧额
2	F	房屋建筑	F0001	厂房	生产车间	期初					
3	J	机器设备	J0002	机床	生产车间	期初					
4	B	办公设备	B0003	计算机	办公室	期初					
5	Y	运输工具	Y0004	轿车	销售部	期初					
6	B	办公设备	B0005	笔记本	财务部	外购					

图 10－25　固定资产计提折旧表

2. 设置 I2 折旧公式　选中本期折旧额单元格 I2，按照判断对于不同的折旧方法，选择不同的计算公式，因此需要输入公式：

“＝IF(固定资产卡片！R2＝"平均年限法"，SLN(固定资产卡片！N2，固定资产卡片！N2＊固定资产卡片！Q2，固定资产卡片！I2＊12)，IF(固定资产卡片！R2＝"工作量法"，(1－固定资产卡片！Q2)＊固定资产卡片！N2/固定资产卡片！L2＊H2，IF(固定资产卡片！R2＝"双倍余额递减法"，DDB(固定资产卡片！N2，固定资产卡片！N2＊固定资产卡片！Q2，固定资产卡片！I2＊12，固定资产卡片！K2)，SYD(固定资产卡片！N2，固定资产卡片！N2＊固定资产卡片！Q2，固定资产卡片！I2＊12，固定资产卡片！K2))))”。

上述公式利用了 IF 函数，拆分上述公式进行说明：

- 如果折旧方法是“平均年限法”，则按照 SLN 函数进行提取。

- 如果折旧方法为"工作量法",则按照"(原值-残值)/总工作量*本期工作量"计算。
- 如果折旧方法为"双倍余额递减法",则使用 DDB 函数进行提取。
- 如果折旧方法为"年数总和法",则使用 SYD 函数进行提取。

这里需要注意的是,按照双倍余额递减法提取折旧,最后两年需要改为平均年限法进行,本例没有进行修正,用户可自行思考对该数值进行修正。

3. 设置修正的折旧额 J2 单元格　主要调整"已提足折旧继续使用的固定资产不再提取折旧、最后一期提取折旧不能超过固定资产的剩余价值"两项,公式为"=IF(I2>(固定资产卡片!P2-固定资产卡片!N2*固定资产卡片!Q2),(固定资产卡片!P2-固定资产卡片!N2*固定资产卡片!Q2),I2)"。

公式说明:

- 如果按照公式计算的 I2 单元格本期折旧额大于固定资产剩余提取折旧额的价值,则按照该剩余价值提取。
- 如果没有超过该价值,则按照 I2 金额提取。

4. 继续修正 J2 单元格数据　主要调整"本月新增固定资产本月不提折旧",思路是如果已提折旧月份为 0,则折旧额为 0。

公式为"=IF(固定资产卡片!K2=0,0,ROUND(J2,2))"。其中用到了 Round() 函数,本列是最终本期折旧额,如果需要保留两位小数,则使用该函数进行四舍五入。

按照上述三步进行调整完毕后,结果如图 10-26 所示。

图 10-26　提取折旧结果

10.5　固定资产信息查询

固定资产的查询,主要是利用 Excel 的数据筛选功能和分类汇总功能,选出符合条件的信息,以供阅读者使用。

10.5.1　利用筛选功能进行查询

选择【数据】菜单下【筛选】项下的"自动筛选"命令,进入筛选状态,如图 10-27 所示。

图 10-27　自动筛选状态

以"部门名称"查询为例,介绍"自动筛选"的使用过程,如要查询"财务部""在用"的固定资产。

操作步骤

[1] 单击 F1 单元格"所属部门"中的下拉箭头,选择"财务部",如图 10-28 所示。

图 10-28 选择财务部

[2] 单击 H1 单元格"使用状态"右边的下拉箭头,选择"在用"并单击,结果如图 10-29 所示。

图 10-29 查询结果

10.5.2 利用分类汇总功能进行查询

分类汇总可以对相同部门或者类别等固定资产进行汇总,查询汇总数据,为管理者提供决策支持。

如要查询生产车间固定资产本期折旧额,操作步骤为:

[1] 选择【数据】菜单下【分类汇总】,如图 10-30 所示。

图 10-30 分类汇总菜单

[2] 点击"分类汇总",进入参数设置对话框,分类字段选择"所属部门",汇总方式选择"求和",汇总项选择"最终本期折旧额",结果如图 10-31 所示。

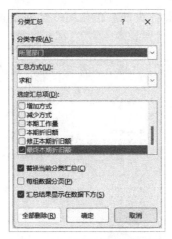

图 10-31 分类汇总参数设置

[3] 点击"确定",形成分类汇总查询结果,如图 10-32 所示。

	A	B	C	D	E	F	G	H	I	J	K
1	类别	类别名称	固定资	固定资	所属部门	增加方	减少方	本期工件	本期折旧额	修正本期折旧	最终本期折旧额
2	F	房屋建筑	F0001	厂房	生产车间	期初			15833.33333	15833.33333	15833.33
3	J	机器设备	J0002	机床	生产车间	期初			3958.333333	3958.333333	3958.33
4					生产车间 汇总						19791.66
5	B	办公设备	B0004	计算机	办公室	期初			102.9166667	102.9166667	102.92
6					办公室 汇总						102.92
7	Y	运输工具	Y0006	轿车	销售部	期初		3000	2280	2280	2280
8					销售部 汇总						2280
9	B	办公设备	B0008	笔记本	财务部	外购			#NUM!	#NUM!	0
10					财务部 汇总						0
11											
12					总计						22174.58

图 10-32 分类汇总查询结果

10.6 本章小结

　　本章主要讲解如何利用 Excel 进行固定资产管理,主要包括固定资产初始卡片的管理、固定资产增减变动的管理、固定资产折旧的计提及固定资产查询。

　　固定资产初始卡片的管理主要包括卡片项目的分类和项目取数公式的设置,充分利用 Excel 的公式和函数功能,结合数据有效性控制功能进行管理。

　　固定资产卡片增减变动,主要设置增减方式栏目,对增减方式进行管理,还可以单独设置固定资产卡片增减表单独进行,用户可以根据实际工作需要进行选择。

　　固定资产折旧的计提是本章重点和难点,利用公式和函数进行判断,根据不同的折旧方法,设置不同的折旧计算公式计算折旧额。同时按照会计核算的要求:已提足折旧继续使用的固定资产不再提取折旧;最后一期提取折旧,保证折旧额不能超过固定资产的剩余价值;本月新增固定资产本月不提折旧。因此增加了"修正折旧额和最终折旧额"列,其目的就是按照上述要求进行调整,避免计算折旧额出现错误。

　　固定资产查询主要介绍了利用数据筛选功能进行查询和利用分类汇总功能进行查询,查询的方式可以单一条件,也可以组合条件。

第 11 章
Excel 在财务管理中的应用

Excel 在实务中广泛应用于财务管理工作,本章重点介绍如何利用 Excel 进行货币时间价值的计算,如何建立本量利分析模型并进行利润敏感性分析,以及如何进行投资决策分析。

本章要点:
- 货币时间价值计算
- 本量利分析模型
- 利润敏感性分析
- 投资决策分析

11.1 货币时间价值的计算

货币时间价值是指在没有风险和通货膨胀的情况下,一定量的货币在不同时间点上有不同的价值,通常衡量货币时间价值的要素表现为各种形式的利率,即当前的 100 元钱和一年后的 100 元钱价值不相等,由于利率的存在,当前的 100 元钱在一年后价值大于 100 元钱。常见的货币时间价值计算函数有计算现值函数、计算终值函数、计算年金函数和计算利率函数。

11.1.1 年金(复利)终值函数 FV

在工作生活中经常会遇到这些问题:当前指定金额的本金在若干年后本利和是多少,或者每年存入固定金额的本金(即年金),若干年后的本利和是多少? 这些问题属于计算年金(复利)终值问题,使用年金(复利)终值函数 FV 进行解决。

按照第三章的讲解,FV 函数语法规则为:FV(利率,总投资期,各期年金,现值(本金),0 或 1),返回指定本金的复利终值和年金终值。

1. 各期年金等于 0,本金不等于 0 的情况,该函数为计算复利终值。

【例 11-1】 计算本金 50 000 元,年利率 4%,3 年期的复利终值。

♞ 操作步骤

[1] 建立计算模型,输入本金值、年利率和年数,注意输入时,收入为正数、支出为负数,结果如图 11-1 所示。

图 11-1　年金复利终值计算表

[2] 在终值单元格输入公式"＝FV(B7,B8,B10,B9)"，注意本金输入为"－50 000 元"，计算结果如图 11-2 所示。

图 11-2　复利终值计算结果

2. 各期年金不等于 0，本金等于 0，FV 函数最后一项参数为 0，则该函数为计算普通年金终值，即每年末存入一定数额本金（即普通年金），计算若干年后的终值。

【例 11-2】　计算每年末存入 50 000 元，年利率 4%，3 年期的年金终值。

操作步骤

[1] 建立计算模型，输入年金值、年利率和年数，注意输入时，收入为正数、支出为负数，结果如图 11-3 所示。

图 11-3　普通年金终值计算表

[2] 在终值单元格 B19 输入公式"＝FV(B15,B16,B18,B17,0)"，注意年金输入"－50 000 元"，函数最后一个参数为"0"，可以省略，默认为每年末支出年金，也称为普通年金，计算结果如图 11-4 所示。

第11章 Excel在财务管理中的应用

(2) 各期年金<>0，本金=0，类型=0为普通年金终值	
项目	数据
年利率	4.00%
期数	3
现值（本金）	0
年金	-50000
终值	¥156,080.00

图11-4　终值计算结果

3. 各期年金不等于0，本金等于0，函数最后参数为1，表示该函数计算的是预付年金终值，即每年初支出一定数额本金（即预付年金），若干年后的终值。

【例11-3】 计算每年初存入50 000元，年利率4%，3年期的年金终值。

操作步骤

[1] 建立计算模型，输入年金值、年利率和年数，注意输入时，收入为正数、支出为负数，结果如图11-5所示。

(3) 各期年金<>0，本金=0，类型=1为预付年金终值	
项目	数据
年利率	4%
期数	3
现值（本金）	0
年金	-50000
终值	

图11-5　预付年金终值计算表

[2] 在终值单元格B27输入公式"=FV(B23,B24,B26,B25,1)"，注意年金输入"-50 000元"，函数最后一个参数为"1"，表示每年初支出年金，也称为预付年金，计算结果如图11-6所示。

(3) 各期年金<>0，本金=0，类型=1为预付年金终值	
项目	数据
年利率	4%
期数	3
现值（本金）	0
年金	-50000
终值	¥162,323.20

图11-6　预付年金计算结果

4. 各期年金不等于0，本金不等于0，函数最后参数为0，则该函数为计算普通年金终值和复利终值。

【例11-4】 计算存入10 000元后，每年末等额存入50 000元，年利率4%，3年期的年金(复利)终值。

操作步骤

[1] 建立计算模型，输入本金金额、年金金额、年利率和年数，注意输入时，收入为正数、支出为负数，结果如图11-7所示。

(4)各期年金<>0，本金<>0，类型=0为普通年金终值和复利终值	
项目	数据
年利率	4%
期数	3
现值（本金）	-10000
每年末存入金额	-50000
终值	

图 11-7　普通年金和复利终值计算表

［2］在终值单元格 B35 输入公式"＝FV(B31,B32,B34,B33,0)"，注意本金输入"－10 000"，年金输入"－50 000 元"，函数最后一个参数为"0"，计算结果如图 11-8 所示。

(4)各期年金<>0，本金<>0，类型=0为普通年金终值和复利终值	
项目	数据
年利率	4%
期数	3
现值（本金）	-10000
每年末存入金额	-50000
终值	¥167,328.64

图 11-8　普通年金和复利终值计算结果

5. 各期年金不等于 0，本金不等于 0，函数最后参数为 1，则该函数为计算预付年金终值和复利终值。举例和操作步骤同上，仅仅在输入公式时，将最后一个参数变为"1"，计算结果如图 11-9 所示。

(5)各期年金<>0，本金<>0，类型=1为预付年金终值和复利终值	
项目	数据
年利率	4%
期数	3
现值（本金）	-10000
每年初存入金额	-50000
终值	¥173,571.84

图 11-9　预付年金和复利终值计算结果

11.1.2　年金（复利）现值函数 PV

年金（复利）现值函数 PV 与年金（复利）终值函数相反，解决的是若干年后想要达到某一金额，当前应当投入多少本金；或是每年末（或年初）投入一定金额，相当于当前一次性投入多少金额。以上问题可以使用年金（复利）现值函数计算获得。

该函数的语法规则为：PV（利率，总投资期，各期年金，终值，期初（1）或期末（0）），计算复利现值或者年金现值。

1. 复利现值计算。

【例 11-5】　企业准备投资某一项目，投资报酬率为 15%，投资期为 5 年，期望 5 年后共获得报酬 200 万元，则当前应该投入多少？

操作步骤

［1］建立计算模型，输入投资报酬率、投资期、终值，注意收入为正数、支出为负数，结果

如图 11-10 所示。

```
2、年金（复利）现值函数PV()
PV(利率，总投资期，各期年金，终值，期初（1）或期末（0））

(1) 复利现值
项目        数据
报酬率       15.00%
期数         5
终值         2000000
年金         0
现值
```

图 11-10　复利现值计算表

[2] 在现值单元格输入公式"＝PV(G7,G8,G10,G9)"，其中终值输入正数，计算结果中"现值"为负数（红字），表示需要当前支出的金额，如图 11-11 所示。

```
2、年金（复利）现值函数PV()
PV(利率，总投资期，各期年金，终值，期初（1）或期末（0））

(1) 复利现值
项目        数据
报酬率       15.00%
期数         5
终值         2000000
年金         0
现值         ¥-994,353.47
```

图 11-11　复利现值计算结果

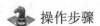　注意：最后结果为红字，是由于在【格式】菜单下【单元格】中对单元格数值定义了显示方式，用户可根据自己的需要自行定义显示方式。

2. 年金现值计算　包括普通年金现值计算、预付年金现值计算、年金现值与复利现值混合计算等。

【例 11-6】　企业融资租入一台机器设备，投资报酬率为 10%，租期为 6 年，每年末等额支付 50 000 元，到期后需要再支付 10 000 元获得该设备，获得的设备当前价值是多少？

操作步骤

[1] 建立计算模型，输入投资报酬率、租赁期、普通年金、终值，注意收入为正数、支出为负数，结果如图 11-12 所示。

```
(2) 年金现值与复利现值
项目        数据
报酬率       10.00%
期数         6
终值         -10000
年金         -50000
现值
```

图 11-12　复利现值与年金计算表

[2] 在现值单元格输入公式"=PV(G15,G16,G18,G17,0)",其中支出的金额以负数填列,年金每年末支出则参数为"0",结果如图 11-13 所示。

(2)年金现值与复利现值	
项目	数据
报酬率	10.00%
期数	6
终值	-10000
年金	-50000
现值	¥223,407.77

图 11-13 复利现值与年金现值计算结果

注意:用户可以自行练习普通年金现值及预付年金现值的计算,预付年金和普通年金的差异在于 PV 函数最后一个参数是 1 而不是 0。

11.1.3 年金函数

年金函数用来计算已知未来终值或者当前本金的情况下,未来一段期间年金的支付或收到的金额。该函数的语法规则为:PMT(利率,总投资期,本金,终值,0 或 1)。

【例 11-7】 现在贷款 100 万,6 年内以 6%等额偿还,每年末应付多少?

操作步骤

[1] 建立计算模型,输入利率、年数、现值、终值,注意贷款收到的金额以正数填列,结果如图 11-14 所示。

3、年金函数:PMT(rate,nper,pv,fv,type)
返回固定利率,分期等额付款方式,每期付款额(普通还是预付依据type)
如:现在贷款100万,6年内以6%等额偿还,每年应付多少?

现值年金计算	
项目	数据
利率	6.00%
期数	6
终值	
现值	1000000
年金	

图 11-14 现值年金计算表

[2] 在年金单元格输入公式"=PMT(G29,G30,G32,G31,0)",其中每年末支付函数最后参数为"0",如果每年初支付则为"1",结果计算为负数(红字),表明每年末应支付金额,如图 11-15 所示。

现值年金计算	
项目	数据
利率	6.00%
期数	6
终值	
现值	1000000
年金	¥-203,362.63

图 11-15 现值年金计算结果

第 11 章 Excel 在财务管理中的应用

> 📖 提示:用户可以按照上述步骤对终值年金或现值终值、混合的年金进行计算。

11.1.4 利率计算

如果企业能够获得终值或者现值、年数、年金等数据,无法确定利率或者投资报酬率,我们可以使用利率函数。该函数的语法规则为:RATE(年数,年金,现值,终值,0 或 1)。其中年金、现值或者终值至少两个是已知金额。

【例 11-8】 现在贷款 100 万,6 年内以 200 000 元每年末等额偿还,利率是多少?

操作步骤

[1] 建立计算模型,输入年数、现值、终值、年金,注意贷款收到的金额以正数填列,年金支付为负数填列,结果如图 11-16 所示。

38	年数	6
39	年金	-200000
40	现值	1000000
41	终值	0
42	利率	

图 11-16 利率计算表

[2] 在利率单元格输入公式"=RATE(G38,G39,G40,G41,0)",其中每年末支付函数最后参数为"0",如果每年初支付则为"1",计算结果为 5.47%,如图 11-17 所示。

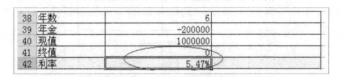

图 11-17 利率计算结果

> 📖 注意:本例中利率单元格设置了格式"百分比"为"2 位小数",功能在【格式】菜单下【单元格】下,结果显示为 5.47%,否则会默认小数位为"0",结果为 5%。

11.2 本量利分析

本量利分析主要是在成本性态分析的基础上,对成本、利润、销售量与单价等因素之间的依存关系进行具体分析,研究其变动的规律性,以便为企业进行经营决策和目标控制提供有效信息的一种方法。

本量利的关系公式为:利润=销售量×单价-成本,其中成本又分为固定成本和变动成本。进行本量利分析的关键是确定保本点即盈亏临界点,在此基础上分析销售量、单价、变动成本、固定成本变动对利润的影响。利用 Excel 建立本量利计算模型并进行敏感性分析,

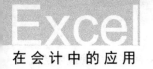

将更加快捷和直观地显示出各要素之间的变动关系。

11.2.1 本量利计算模型

进行本量利分析的关键是确定盈亏临界点，所谓盈亏临界点，就是指使得贡献毛益与固定成本恰好相等时的销售量，此时，企业处于不盈不亏的状态。因此保本点销售量计算公式为：固定成本÷(单价－变动成本)。

1. 建立保本点计算表和本量利分析表，如图 11－18、图 11－19 所示。

2	保本点计算		
3	项目	金额	变动
4	销售量		
5	固定成本		
6	单位变动成本		
7	单位售价		
8	销售总额		
9	成本总额		
10	利润总额		
11	保本点		

图 11－18 保本点计算表

本量利分析表

销售量	成本总额	销售总额	利润总额

图 11－19 本量利分析表

其中：保本点分析表是计算不同销售量、单价、成本下的保本点；本量利分析表是分析不同销售量下成本总额、销售总额和利润总额的发展走势，并进行图表分析。

保本点计算表，按照上述格式进行设置，设置计算公式如下：

- 销售量、单价、变动成本和固定成本为已知数进行输入；
- 销售总额＝单价×销售量(＝B4＊B7)；
- 成本总额＝变动成本×销售量＋固定成本(＝B5＋B4＊B6)；
- 利润总额＝销售总额－成本总额(＝B8－B9)；
- 保本点＝固定成本÷(单价－变动成本)(＝B5/(B7－B6))。

【例 11－9】 假定某公司当前条件下生产 A 产品，单价 80 元，单位变动成本 60 元，固定成本 20 000 元，企业正常销售量 2000 件，按照上述数据输入“保本点计算表”，计算结果如图 11－20 所示。

第 11 章　Excel 在财务管理中的应用

2	保本点计算		
3	项目	金额	变动
4	销售量	2000	
5	固定成本	20000	
6	单位变动成本	60	
7	单位售价	80	
8	销售总额	160000	
9	成本总额	140000	
10	利润总额	20000	
11	保本点	1000	

图 11-20　保本点公式计算

在保本点计算表的"变动"列增加"微调按钮",通过点击微调按钮来变化销售量、单价、变动成本及固定成本,便于观察利润受因素影响的变化情况,为下面的敏感性分析做准备。

操作步骤

[1] 点击【文件】菜单下【自定义工具栏】下的"微调"命令,添加进自定义工具栏,如图 11-21 所示。

图 11-21　窗体工具栏

[2] 在窗体工具栏中单击"微调框",如图 11-22 所示。

图 11-22　选择微调项

[3] 单击微调项后,将鼠标移动到"变动"单元格 C4,拖动光标设置微调项大小后释放鼠标,再分别选择 C5、C6、C7 单元格,增加微调项,其效果如图 11-23 所示。

图 11-23 增加微调项

[4] 鼠标选中"微调项",点击右键,在弹出的快捷菜单中选择"设置控件格式"命令,如图 11-24 所示。

图 11-24 设置控件格式

[5] 点击"设置控件格式",打开"控制"选项卡,如图 11-25 所示。

图 11-25 设置销售量微调项结果

设置说明：

- 当前值选择当前正常显示的数值；
- 最小值是通过微调变动到最小的数值；
- 最大值是通过微调变动到最大的数值；
- 步长是单击一次微调项变动多大数值；
- 单元格链接是选择该微调项对哪个单元格起作用。

［6］设置销售量微调项当前值为"2000"，最小值为"0"，假定企业可以提供的销售量最大值为"3600"，步长为"1"，单元格链接为"＄B＄4"。结果如图11-25所示。

［7］假定单价和变动成本最高不超过200，固定成本最高不超过30 000，按照条件对单价、变动成本和固定成本进行微调项设置，设置步骤同上。

2. 创建本量利分析表　对企业可能存在的销售量进行排列，计算出所有可能的销售总额、成本总额和利润总额，用以进行敏感性分析和图表分析。

按照图11-25创建本量利分析表，将企业可能的销售量输入第一列，并设置销售总额、成本总额和利润总额的计算公式，结果如图11-26所示。

	F	G	H	I
2		本量利分析表		
3	销售量	成本总额	销售总额	利润总额
4	0	20000	0	-20000
5	1000	80000	80000	0
6	1200	92000	96000	4000
7	1400	104000	112000	8000
8	1600	116000	128000	12000
9	1800	128000	144000	16000
10	2000	140000	160000	20000
11	2200	152000	176000	24000
12	2400	164000	192000	28000
13	2600	176000	208000	32000
14	2800	188000	224000	36000
15	3000	200000	240000	40000
16	3200	212000	256000	44000
17	3400	224000	272000	48000
18	3600	236000	288000	52000

图11-26　本量利分析表数据

其中计算公式如下：

- 成本总额G4单元格公式为"＝F4＊＄B＄6＋＄B＄5"，快速向下拖动复制公式。
- 销售总额H4单元格公式为"＝F4＊＄B＄7"，快速向下拖动复制公式。
- 利润总额I4单元格公式为"＝H4－G4"，快速向下拖动复制公式。
- F10单元格销售量等于保本点计算表销售量，即设置"＝B4"，用以观察销售量变化在本量利分析表中的动态移动过程。

3. 利用上表创建本量利分析图　选择F3：I18区域，点击【插入】菜单下【图表】，选择折线图，按照向导逐步完成，结果如图11-27所示。

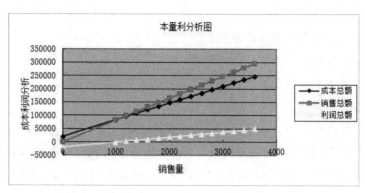

图 11-27 本量利分析图

用户通过使用微调项改变销售量、单价、成本来变动销售总额、成本总额和利润总额,并在图表中直观动态显示各项的变化。

11.2.2 利润敏感性分析

利润敏感性分析是研究当前影响利润的因素发生变化时对利润产生的影响,考察各个因素对利润影响的敏感性,即销售量、单价、变动成本、固定成本变动单位变动百分比对利润变动的影响,或者所有因素同时变化对利润变动的影响程度。

创建利润敏感性分析表,格式如图 11-28 所示。

19	利润敏感性分析表				
20	敏感性分析模型	实际数值	变动后数值	变动率	变动额	利润敏感性分析
21	销售量					
22	单价					
23	变动成本					
24	固定成本					
25	利润					

图 11-28 利润敏感性分析表

设置利润敏感性分析表中数值获取的公式:

• "实际数值"单元格按照企业当前状态下的实际数值直接输入,上例中销售量 2000,单价 80,变动成本 60,固定成本 20 000。

• "变动后数值"单元格 C21 计算公式为"=B4",即等于保本点计算表中的销售量单元格。C22 单元格计算公式"=B7",即保本点计算表中的单价,依此类推。这样做的目的是随着保本点计算表中各个因素的变化,各项数值发生变化。(详见演示数据文档)

• "变动率"单元格公式为:(变动后的数值-实际数值)/实际数值,以 D21 单元格为例,公式为"=(C21-B21)/B21"。

• 变动额公式为:(变动后的数值-实际数值)或者(变动率*实际数值)表示销售量、单价、变动成本或固定成本每变动 1 元,利润的变化金额,这是利用绝对数进行敏感性分析。

• "利润敏感性分析"单元格:利用相对数进行敏感性分析,即销售量、单价、变动成本或固定成本变动 1%,利润变动的百分比。

具体公式设置为：

• 销售量敏感性分析单元格 F21 公式为"=IF(C21-B21=0,"无变动",((C21-B21)*(B22-B23)/B25)*1‰/D21)"。

• 单价敏感性分析单元格 F22 公式为"=IF(C22-B22=0,"无变动",((C22-B22)*B21/B25)*1‰/D22)"。

• 变动成本敏感性分析单元格 F23 公式为"=IF(C23-B23=0,"无变动",((B23-C23)*B21/B25)*1‰/D23)"。

• 固定成本敏感性分析单元格 F24 公式为"=IF(C24-B24=0,"无变动",((B24-C24)/B25)*1‰/D24)"。

设置完毕后，销售量、单价、变动成本或固定成本每变动 1‰，利润的变动百分比如图 11-29 所示。

19	利润敏感性分析表				
20	敏感性分析模型	实际数值	变动后数值	变动率	变动额	利润敏感性分析
21	销售量	2000	2001	0.05%	1	2.00%
22	单价	80	81	1.25%	1	8.00%
23	变动成本	60	61	1.67%	1	-6.00%
24	固定成本	20000	20000	0.00%	0	无变动
25	利润	20000	20020	0.10%	20	

图 11-29　各因素变动百分比对利润百分比的影响

利用敏感性分析表也可以综合分析各因素变动对利润的影响程度，如销售量增加 10 件，单价上升 2 元，变动成本上升 3 元，则利润降低了 1810 元，结果如图 11-30 所示。

19	利润敏感性分析表				
20	敏感性分析模型	实际数值	变动后数值	变动率	变动额	利润敏感性分析
21	销售量	2000	2010	0.50%	10	2.00%
22	单价	80	82	2.50%	2	8.00%
23	变动成本	60	63	5.00%	3	-6.00%
24	固定成本	20000	20000	0.00%	0	无变动
25	利润	20000	18190	-9.05%	-1810	

图 11-30　因素综合变动对利润的影响

11.3　投资决策分析

投资决策分析方法可分为贴现法和非贴现法两大类。非贴现法不考虑货币时间价值，比较简单，主要有投资回收期法和年平均投资报酬率法；贴现法考虑了货币时间价值，主要有净现值法、内含报酬率法等。

11.3.1　投资回收期法

投资回收期主要是比较方案中收回某项投资金额所需时间，一般来说在符合投资者期望回收期的基础上，投资回收期越短越好。

假定某企业出资 10 万元进行投资，总投资期为 5 年，有如下两个方案及对应的每年现金净流量和累计现金净流量，利用投资回收期法判断哪个方案更优，如图 11-31 所示。

	A	B	C	D	E
1	年度	A方案		B方案	
2		年度现金流	累计现金流	年度现金流	累计现金流
3	0	-100000	-100000	-100000	-100000
4	1	50000	-50000	25000	-75000
5	2	40000	-10000	30000	-45000
6	3	30000	20000	50000	5000
7	4	35000	55000	60000	65000
8	5	40000	95000	70000	135000

图 11-31 投资回收期

按照图 11-31 数据，为了便于自动计算投资回收期，需要添加两行，如图 11-32 所示。

	A	B	C	D	E
1	年度	A方案		B方案	
2		年度现金流	累计现金流	年度现金流	累计现金流
3	0	-100000	-100000	-100000	-100000
4	1	50000	-50000	25000	-75000
5	2	40000	-10000	30000	-45000
6	3	30000	20000	50000	5000
7	4	35000	55000	60000	65000
8	5	40000	95000	70000	135000
9	累计现金流量为正数年				
10	投资回收期				

图 11-32 增加正数年和投资回收期行

在累计现金流量为正数年的单元格 B9 输入公式"=LOOKUP(0,C3:C8,A3:A8)+1"；在 D9 单元格输入公式"=LOOKUP(0,E3:E8,A3:A8)+1"，这两个公式利用了 LOOKUP 函数，主要是查找小于并且最接近 0 的累计现金流量对应的年数，然后加上 1，就是累计现金流量为正数的年数。结果如图 11-33 所示。

	A	B	C	D	E
1	年度	A方案		B方案	
2		年度现金流	累计现金流	年度现金流	累计现金流
3	0	-100000	-100000	100000	-100000
4	1	50000	-50000	25000	-75000
5	2	40000	-10000	30000	-45000
6	3	30000	20000	50000	5000
7	4	35000	55000	60000	65000
8	5	40000	95000	70000	135000
9	累计现金流量为正数年	3		3	
10	投资回收期	2.333333333		2.9	

图 11-33 累计现金净流量为正数的年数

投资回收期单元格设置公式：

B10 单元格公式为：

"=LOOKUP(0,C3:C8,A3:A8)+ABS(LOOKUP(B9-1,A3:A8,C3:C8))/LOOKUP(B9,A3:A8,B3:B8)"；

D10 单元格公式为：

"=LOOKUP(0,E3:E8,A3:A8)+ABS(LOOKUP(D9-1,A3:A8,E3:E8))/LOOKUP(D9,A3:A8,D3:D8)"；

计算结果如图 11-33 所示：A 方案投资回收期为 2.33，B 方案投资回收期为 2.9，A 方案比 B 方案更优。

> 注意：投资回收期也可以考虑货币时间价值的影响，需要把现金净流量折现，然后按照上述方法进行投资回收期的计算。

11.3.2 年平均投资报酬率

企业准备将 100 万元投资于新型生产设备，该设备有效使用期限为 5 年，无残值，有两个方案可供选择，如图 11-34 所示。

年次	A方案		B方案	
	净利润	现金净流量	净利润	现金净流量
0		-100		-100
1	18	38	28	45
2	18	38	25	46
3	18	38	16	38
4	18	38	13	30
5	18	38	8	31

图 11-34 年均报酬率数据表

年均投资报酬率的计算方法为：年均净利润÷原始投资额，因此在 A 方案年均报酬率中输入公式"=SUM(B13:B17)/5/ABS(C12)"，在 B 方案年均投资报酬率单元格中输入公式"=SUM(D13:D17)/5/ABS(E12)"，结果如图 11-35 所示。

年次	A方案		B方案	
	净利润	现金净流量	净利润	现金净流量
0		-100		-100
1	18	38	28	45
2	18	38	25	46
3	18	38	16	38
4	18	38	13	30
5	18	38	8	31
年均投资报酬率		18.00%		18.00%

图 11-35 年均投资报酬率计算结果

计算结果二者相同，因此按照此方法选择哪个方案都可以。

11.3.3 净现值法

净现值法考虑了货币时间价值，指一项投资的未来报酬总现值超过原始投资额的金额，作为净现值进行比较，净现值为正数，方案可接受，净现值越高方案越可取。

计算净现值使用净现值函数 NPV，该函数的语法规则为：NPV(利率,现金净流量1,现金净流量2,现金净流量3,…)

> 注意：
> - 如果初始投资额在第一期期初，则计算净现值应当为：NPV(利率,现金净流量1,现金净流量2,现金净流量3,…)—初始投资额。
> - 如果初始投资额在第一期期末，则计算净现值为：NPV(利率,(现金净流量1—原始投资),现金净流量2,现金净流量3,…)。

【例 11-10】 按照图 11-34 的数据，期初投入 100 万元，资金最低报酬率为 10%，计算净现值并判断方案可行性。

操作步骤

[1] 在图 11-34 数据表中增加计算净现值的行，结果如图 11-36 所示。

		A方案		B方案	
	年次	净利润	现金净流量	净利润	现金净流量
	0		-100		-100
	1	18	38	28	45
	2	18	38	25	46
	3	18	38	16	38
	4	18	38	13	30
	5	18	38	8	31
	年均投资报酬率	18.00%		18.00%	
	净现值法				

图 11-36 增加净现值行次

[2] 按照图 11-36 中的表，A 方案净现值单元格公式为"＝NPV(10%,C13:C17)－100"，B 方案净现值单元格计算公式为"＝NPV(10%,E13:E17)－100"。注意由于投资是在期初投入的，不在产生现金流量的期间内，因此在计算现值后减去即可。计算结果如图 11-37 所示。

		A方案		B方案	
	年次	净利润	现金净流量	净利润	现金净流量
	0		-100		-100
	1	18	38	28	45
	2	18	38	25	46
	3	18	38	16	38
	4	18	38	13	30
	5	18	38	8	31
	年均投资报酬率	18.00%		18.00%	
	净现值法	44.05		47.21	

图 11-37 净现值法计算结果

按照净现值法计算结果，A 方案的净现值与 B 方案的净现值都大于 0，都可取，但是 A 方案小于 B 方案，因此选择 B 方案更优。

11.3.4 内含报酬率法

内含报酬率又称为内部报酬率，是指投资项目的净现值等于 0 的贴现率，利用内含报酬率与市场报酬率进行比较推断方案是否可行。

内含报酬率法一般使用内含报酬率函数进行计算，语法规则为：IRR(VALUE,GUESS)，其中 VALUE 为用来计算返回内含报酬率的数值，需要输入数组类型；GUESS 为估计值，省略默认为 10%。如果结果没有靠近期望值，需要使用 GUESS 进行迭代计算，直到结果精度达到 0.00001%。

按照图 11-37，计算内含报酬率为：单元格 B20＝IRR(C12:C17)；单元格 D20＝IRR(E12:E17)。结果如图 11-38 所示。

年次	A方案 净利润	A方案 现金净流量	B方案 净利润	B方案 现金净流量
0		-100		-100
1	18	38	28	45
2	18	38	25	46
3	18	38	16	38
4	18	38	13	30
5	18	38	8	31
年均投资报酬率	18.00%		18.00%	
净现值法	44.05		47.21	
内含报酬率	26.07%		28.85%	

图 11-38 内含报酬率计算结果

用户可以进行检验该内含报酬率的正确性,以该报酬率为折现率,对各个方案现金净流量计算净现值,如果净现值为 0,则计算正确。

11.4 本章小结

本章重点介绍了如何利用 Excel 进行财务管理工作。由于财务管理工作涉及的范围和内容很广,本章主要针对以下内容进行了讲解:货币时间价值的计算、本量利分析及利润敏感性分析和投资决策分析。

货币时间价值的计算要求掌握利用 FV 函数计算年金(复利)终值、利用 PV 函数计算年金(复利)现值、利用 PMT 函数计算未来一段期间年金的支付或收到的金额、利用 RATE 函数计算利率或投资报酬率。

本量利分析主要针对成本、利润、销售量与单价等因素之间的依存关系所进行的具体分析,通过计算保本点来直观显示上述因素发生变化时不同的保本点。通过利用 Excel 建立利润敏感性分析模型来动态显示各个影响因素单位变动对利润的影响程度,包括绝对数变动和相对数变动。

投资决策分析主要讲解了利用投资回收期法、年均报酬率法、净现值法和内含报酬率法对方案的判断,主要利用公式和函数进行相关数值的计算。用户在掌握上述方法的基础上,按照所学知识可以练习其他决策方法的设置。

参考文献

1. 崔婕,占文雯,孔令军. Excel在会计中的应用[M]. 北京:清华大学出版社,2023.
2. 朱淑梅,迟甜甜. Excel在会计中的应用[M]. 上海:立信会计出版社,2022.